AF446616

As-tu bravé ta nuit, merveille ?

Paroles inspirantes

Zaha Boo

As-tu bravé ta nuit, merveille ?

Paroles inspirantes

Du même auteur :

De l'autre côté de l'écran, Simbi, (Les Auteurs Libres, 2019 & Publication Indépendante, 2021)

À mes enfants que j'aime
Alyson-Grace
Ethan-Oliver

« Je te donne est plus fort que je t'ai dans mes songes »
Proverbe rwandais.

Table des matières

Petite note bienveillante

Ce livre n'est pas une traduction littérale du livre d'origine *Waramutse*, publié en Kinyarwanda.

Il s'agit d'une traduction de cœur faite par l'auteure pour respecter son style d'écriture en français, tout en véhiculant le même message et les mêmes thèmes du livre d'origine, celui de la bienveillance envers soi et envers les autres.

Le mot « merveille » bien qu'accordé au féminin pour répondre aux exigences de la langue française, s'adresse à tous les genres confondus.

Le départ

Merveille,

Sur une terre précieuse,
Existe un pays aux mille collines
Aux paysages verts
Et aux lacs bleus
Pas de ces bleus pâles
Ni les bleus ordinaires des eaux
Que l'on croise à tout bout de champ
Mais plutôt des reflets de ciel qui renferment
Les secrets d'une beauté intérieure
Et d'une culture qui célèbre
Constamment la vie

Sur cette terre ancrée
Dans le cœur et la chair
De tant de gens
La salutation du matin
Est une question à un mot
D'une bienveillance infinie
Qui se pose
Avec une profondeur attendrissante

Vois-tu, merveille,
Que l'aurore soit morose ou éclatante
Que le brouillard se mêle

Au réveil bruyant des coqs
Ou que l'éclat des rayons du Soleil
Révèle déjà la belle verdure des collines
On s'élève et on salue toujours
En demandant ce que les Étoiles
Et la Lune savent déjà
Lorsqu'elles s'éloignent
Pour laisser leur place au Soleil

As-tu bravé ta nuit ?
Waramutse ?

La salutation

As-tu bravé ta nuit ?

Merveille, ô merveille,
Toi qui veux guérir de tes blessures
Toi qui veux te construire
Toi qui cherches tant à être sereine
Toi qui veux avancer dans ta vie
As-tu bravé ta nuit ?
Waramutse ?

À l'aube de ce nouveau jour
Je suis à ta porte
Pour te livrer ce que je sais
Sur les secrets de la vie
Et les grâces de la bienveillance

Douce vie je viens de loin
J'ai traversé le pays aux lacs bleus
Pour venir t'offrir
Ce que je crois être l'essentiel
De choses qui ne s'apprennent
Qu'en acceptant
De porter sa destinée
Avec bravoure

Merveille, ô merveille,
Je ne sais pas
Ce qui habite ton cœur
Ce qui te préoccupe
Ce qui t'attriste
Ce qui te fait ou te défait

Dis-moi douce vie
Quelles sont les limites que tu t'infliges ?
Quels sont les obstacles qui te bloquent
Sans pouvoir t'en libérer ?

Tant de choses
Se dessinent
Sur les traits de ton visage
Je vois que tu peines
À te construire
Que tu luttes contre ce qui te distrait
Que tu te bats avec ce qui te défait
Je vois que tu te trouves face
À des choix périlleux
Sur ta vie

Je sens
Que tu as besoin
De guérir ton cœur
De sortir de ta détresse
De ne plus avoir peur d'avancer
De réaliser tes rêves
D'être qui tu veux être

Si la nuit t'engloutissait
Merveille,
Et que l'angoisse de vivre t'emportait
Je n'aurais personne à qui m'adresser
Ici et maintenant
Douce vie, accepte donc ma joie
De te voir devant moi
Et de pouvoir te demander
As-tu bravé ta nuit ?

Penses-tu peut-être
Que je ne prononce
Qu'une simple salutation
Vieille de cent mille ans
Au pays des mille collines
Ou que je te pose une question
Matinale et machinale
Qui n'a plus le goût de ce qu'elle veut
Réellement demander ?

Je ne veux pas seulement savoir
Si tu respires encore
Je voudrais aussi savoir
Ce qui habite ton cœur
Je voudrais m'assurer
Que tu as aussi
Bravé ta nuit intérieure
Sans heurter tes Étoiles
Sans repousser ton Soleil
Et sans laisser les océans
Te séparer du vrai toi

Et si tu venais du pays
Aux lacs bleus
Tu ne t'attarderais pas sur ma question
Même si peut-être
Elle te semble percutante
Tu me répondrais sûrement
Par un oui furtif
Même si tu es triste
Ou désemparée
Même si tu débordes
D'une grande joie
Car vois-tu, merveille
La culture de ce beau pays
Conseille d'attendre que
Le visiteur se pose
Avant de manifester
Tout ce qu'on a sur le cœur

Je me contenterai de ton oui
Peut-être sec, hésitant, joyeux ou triste
Et j'attendrai de m'asseoir chez toi
Au calme, avant de te rassurer
Sur ce qui habite tes nuits.

L'accueil

Je te remercie de m'accueillir
Merveille,
Pose mon bâton de marche
Dans un endroit précieux
Ni trop près ni trop loin
Car je resterai toute la journée
Mais je ne passerai pas la nuit
Je prendrai le temps qu'il faut
Pour te parler rouages de la vie
Mais je reprendrai mon chemin
Après le coucher du Soleil

En mentionnant ce Soleil qui nous éclaire,
J'en profite pour te parler
D'un autre Soleil qui habite ton cœur
Durant toute ton existence
Sache que quand ce Soleil
Se couche quelque part
Indéniablement
Il se lève autre part
Il faut juste apprendre à savoir sentir
Où il te mène, où il t'inspire
Et t'y rendre

Gracieusement,
Sans heurter tes Étoiles

Je te remercie
De m'offrir un verre
D'eau fraîche
Et maintenant
Sache, douce vie,
Que tout ce que je vais te livrer
Je l'ai aussi compris
En bravant mes propres nuits
Sache que je l'ai arraché
À mes perditions
À mes blessures
À mes fardeaux
Je l'ai aussi reçu
Des personnes
Qui m'ont offert
Tant de bienveillance

Douce vie, voici
Des mots rassurants
Des mots guérisseurs
Des mots libérateurs
Des mots encourageants.

Les secrets

Vie

Quelle est la valeur de ta vie ?
Elle est inestimable
Quel est le prix de ton bonheur ?
Il n'a pas d'échange
Seuls tes choix
Donneront un sens à ta vie

Avant tout
C'est ta vie
Tu ne la vivras qu'une fois
Les choix t'appartiennent
Tu peux toujours illuminer ta vie
Malgré ses nuits sombres
Malgré ses douleurs vives
Malgré ses jours tristes

Je te l'assure, merveille,
Il est si beau de chercher
À se construire dans la sagesse
Il est aussi très dur de faire
Les bons choix
Il peut être long de se poser
Et d'avoir enfin l'impression
Que l'on est sur la bonne route

Merveille, ô merveille,
Sur le chemin de ton existence
Tu rencontreras beaucoup
D'obstacles
Qui te décourageront
Tu te sentiras enchaînée par les autres
Les circonstances, l'histoire, la situation
Tu auras l'impression
Que tu ne peux plus rien faire
Pour vivre la vie que tu désires
Tu voudras alors tout abandonner
Et vivre
En fonction des attentes des autres
Pensant que cela est plus facile
En réalité, douce vie
Ce sera le moment opportun
De te rencontrer
De te réinventer
De t'écouter
De t'aimer
D'être courageuse
Saisis-le, merveille !

Non, ce ne sera pas facile
Cela te demandera
Du courage
Des sacrifices
Du temps
Un dur labeur
Mais cela te construira
Grandiosement

Ce sera le moment d'apprendre
À être toi-même
En toutes circonstances
Et en échange,
Tu te retrouveras
Forte
Indépendante
Sage
Et fabuleusement belle

Avant tout, c'est ta vie.

Les autres

Le bruit des autres
Aux mots qui blessent
Anéantit ton cœur
Le bruit des autres
Aux mots qui jugent
Abîme tes rêves

Ne te préoccupe pas
De ce qu'ils pensent de toi
Tant que toi
Tu as choisi d'être qui tu es
Et que tu ne heurtes
Personne dans son cœur
Ou dans ses droits

Les mots des autres
Sont si durs
Leur jugement est sans nuance
La faute à leur éducation
La faute à leurs tabous
La faute à leurs propres limites

Ce qu'ils pensent de toi
Ce n'est pas toi

Mais le reflet
De leur interaction avec le monde
Et toi, merveille, tu ne peux rien y changer

Ils te riront au nez
Et te critiqueront
En te voyant monter tes projets
Et cela te fera douter
De toi et de tes rêves
Merveille, sache
Qu'en réalité
Ce sera leur jalousie
Qui sera en train de s'exprimer

Ils t'en voudront
Pour le simple fait
De réussir ce qu'ils
Ne savent atteindre
D'être ce qu'ils
N'arrivent pas à être

Ce que les autres pensent de toi
De ta vie, de tes choix
Ne bâtira jamais aucun palais
Si toi tu crois en tes projets
Et que tu les visualises
Fonce et construis-les
Parce que croire en toi
C'est ce qu'il y a de plus important

Merveille, si les autres ne t'aiment pas
Et qu'ils te le cachent

N'en fais pas une affaire personnelle
Car c'est exclusivement la leur
Ne les confronte pas
Ne leur dis pas que tu le sais
C'est l'un des plus beaux secrets
De la vie
Du pays aux lacs bleus
Et tu en seras plus noble encore
Si tu ignores également ceux qui t'avouent
Ouvertement leur appréhension

Ne sois pas préoccupée
Par ce que les autres pensent de toi
Si tu as choisi un chemin qui t'épanouit
Si tu as choisi une route paisible
Belle et bienveillante
Continue de briller
Car le Soleil
La Lune et les Étoiles
Ne te privent jamais
De leur lumière

Écoute ton cœur
Et fais ce qui t'épanouit.

Tes peurs

Merveille,
Toi qui es tant paralysée
Par la peur de vivre
Viens plus près de moi
Pour qu'ensemble
Nous nous interrogions

Si les lacs bleus du beau pays
Se cachaient
Par peur d'être asséchés par le Soleil
À qui voleraient-ils leur couleur ciel ?
Si les forêts vertes se cachaient de la pluie
Par peur d'être inondées
Verraient-elles le jour ?
Si les fleurs des mille collines avaient
Peur de mener une existence éphémère
Verraient-elles le jour ?
Et toi, merveille, si tu t'enfermais
Dans la peur de souffrir
Vivrais-tu un jour ?

Ose vivre tes rêves
Parce que les peurs
Ne s'éteignent jamais complètement

Quand certaines s'éloignent
D'autres surgissent

Tes peurs, merveille,
Tu le sais qu'elles sont là
Elles ne peuvent être chassées
Elles te guettent pour te paralyser
Au moindre acte de courage
Et te disent
Ne le fais pas !
Elles t'assurent que tu vas mourir
Parce que les peurs
Ce sont toujours les peurs de mourir
Mais douce vie
Ne faut-il pas mourir
Quelque part
Afin de renaître ailleurs ?

Poursuis tes rêves
Malgré tes angoisses
Malgré la peur d'être moqué
Malgré la peur d'échouer
Malgré la peur d'être déçue et détruite

Tous ceux
Qui ont accompli leurs rêves
Avaient aussi peur
De se lancer
Certains même avaient
Plus peur que toi
Ils tremblaient d'angoisse
Et étaient tétanisés

Par l'idée de sortir
De leur zone de confort
Mais ils se sont lancés
Parce qu'ils ont accepté
Une cohabitation
Inévitable avec leurs peurs
Avec l'espoir de réussir

Ose vivre tes rêves
Parce que les peurs
Ne s'éteignent jamais complètement
Quand certaines s'éloignent
D'autres surgissent

Merveille,
Avoir peur n'est pas une tare
Tu as peur car tu veux vivre
Une vie dont tu as rêvé

Ose vivre ta vie
Et tu ne vivras pas avec les regrets
De ne pas avoir eu le courage
D'accomplir tes rêves

Tes peurs sont légitimes
Douce vie
La sagesse du pays
Aux lacs bleus
Dit que *celui qui n'a pas de peur*
N'a pas de sagesse.

Hilares

Ils sont hilares
Tu as échoué
Ils trouvent cela drôle
Ils trouvent cela juste

Tu t'es plantée
En plein dans le mille
Ils ricanent
Et disent qu'ils étaient sûrs
Que tu n'allais pas y arriver

Ils se marrent comme des fous
Ils fêtent ton échec sans retenue

Et toi, merveille,
Tu es brisée
Et tu te sens honteuse
De ne pas avoir pu
Mener à bien tes projets
Pourtant tu avais essayé
Tu t'en fichais de ce qu'ils pensaient
Et tu avais foncé
Mais là tu as l'impression

Qu'ils avaient raison
Car tu n'y es pas arrivée

Merveille, ouvre ton cœur à la sérénité
Car vois-tu, construire sa vie
Est un chemin périlleux
Ne pense pas avoir tout perdu
Au contraire, belle personne
L'expérience de cet échec
T'enseigne beaucoup sur la sagesse
Et te donne une connaissance
Des rouages de la vie
Qui te servira également
Et t'aidera à construire
Des choses plus belles encore

Ils sont hilares
Mais ne les écoute pas
Sois fière de toi
De ton courage d'essayer
De ton courage de vivre
Et le jour où tu réussiras enfin
Ton cœur rempli de bienveillance
N'aura ni l'envie ni le temps
De les narguer

Ils sont hilares, oui
Et seront bientôt fatigués de l'être
Car les cris des coqs
Ne traversent jamais la matinée

Merveille,
Tu as retenu ta leçon
Tu corrigeras ce que tu n'as pas bien fait
Au beau pays un adage dit
Que *les fruits des bienfaits*
Se récoltent sur l'arbre des épreuves

Merveille,
Ne pleure pas de ta défaite
Célèbre plutôt ton courage
D'oser vivre
D'oser accomplir
De grandes choses

Tu es de ces êtres
Qui apprennent
De malheurs
Tu es de ceux
Qui ne se laissent pas abattre
Par leurs déceptions
Et qui osent s'offrir
Une seconde chance
En bravant leurs nuits.

Empire

Merveille,
Quand je te regarde construire ta vie
J'ai comme l'impression
Que tu construis un grand Empire
De bienveillance

Un jour, merveille,
Tu seras un Empire de douceur
Qui a ses valeurs
Ses limites
Ses failles
Ses secrets
Ses pierres
Ses forteresses
Ses chantiers
Ses finitions

Un jour, merveille,
Tu seras un Empire de sérénité
Qui respecte sa vie
Son corps, son esprit
Dans ce que tu fais, dis
Manges ou bois

Un jour, merveille,
Tu seras un Empire de bienveillance
Envers toi-même
D'abord
Et envers les autres
Ensuite

Prends le temps de te construire
N'aie pas peur de vivre ta vie paisiblement
N'aie pas peur de prendre
La distance
Avec ce qui te détruit
Intérieurement

Que tes amis soient
Des Empires de Vie
Des amis au beau dialogue
Des amis exemplaires
Des amis qui te montreront
Toujours l'essentiel
Même quand tu t'égares

Douce vie
Sois un Empire
Bienveillant envers les autres

Sois un Empire
Rempli de Lumière.

L'enfant

L'enfant, un si petit corps
Habité par une grande âme
Pose-lui des questions
Sur le sens de la vie
Mais sois préparée à
Entendre une vérité
D'une profonde pureté

Il te demandera pourquoi
Tu as tant de mal à accomplir tes rêves
Alors que tu es une grande personne
Pour lui c'est simple pour toi
Tu en as la permission et la possibilité

Merveille, sois prévenue !
L'enfant ne comprendra pas
Que tu ne puisses
Pas défaire les barrières
Que tu as érigées toi-même

Il ne comprendra pas
Tes fausses raisons
Tes rêves rangés
Tes doutes insensés

Il ne comprendra pas
Pourquoi tu ne souris plus
Pourquoi tu ne pleures pas
Quand tu en as envie

Merveille,
L'enfant est d'une extraordinaire pureté
Il ne comprendra pas
Pourquoi tu persistes
Dans une voie
Qui n'est pas la tienne
Alors que tu le sais
Alors que tu le vois

Il ne comprendra pas
Pourquoi toi
Si grande et si forte
Tu as peur
De tes rêves d'enfant

L'enfant ne comprendra rien de tout ça

Il t'emmènera aller sauter
Et t'éclabousser dans l'eau
Il te parlera des Étoiles
De son voyage sur la Lune
Et il verra que tu as aussi
Une terrible envie d'y aller

L'enfant lèvera ses yeux
Vers le ciel
Et te dira

« Si tu le veux, vas-y
Moi j'y suis déjà allé
Mais c'est vrai que je ne t'y ai pas vue »
Puis il éclatera de rire
Il te dira qu'il ne sait pas
Comment tu pourrais
Faire un si long voyage
Toi qui as déjà si peur
De puiser au plus profond
De ton cœur
Alors que c'est si près de toi
Là à gauche
Dans ta poitrine

Il te dira :
« C'est simple le bonheur, merveille,
Vis tes rêves
Mais si tu n'y arrives pas
Alors mange un bonbon
Ça aussi ça marche
Pour être heureux
Mais seulement
C'est trop court
Et pas bon pour les dents »

Certes
L'enfant a un petit corps
Mais il est doté d'un grand esprit
Il sentira vite qu'il t'a blessée
Et reviendra pour te dire
Avec douceur
« Tu sais merveille

Aller au plus profond de ton cœur
C'est plus près que d'aller sur la Lune
Seulement, c'est plus compliqué
Je sais que le chemin est parsemé
D'embûches
Si tu as peur d'y aller
On ira alors ensemble. »

Voilà comment
L'enfant te touchera
À des endroits jamais
Explorés
Du plus profond de ton cœur.

L'essentiel

L'essentiel est à ta portée
Y poses-tu le bon regard ?
Ferme les yeux
Et demande l'essentiel à ton cœur

Sens-tu au plus profond de toi
Que l'essentiel
N'est pas fait de biens matériels accumulés
Ni encore de tout ce que tu veux acquérir ?

Sens-tu au plus profond de toi
Que l'essentiel
Est fait de toutes les choses
Grandes ou petites
Qui font battre ton cœur
Qui font la différence dans ta vie
Qui bâtissent ton équilibre ?

Sens-tu au plus profond de toi
Que l'essentiel
Est fait de grands miracles de la vie
Ceux que tu ne peux acheter
Ou échanger ?

L'essentiel est ce que tu as
Dans ton cœur
Ce que tu as vécu
Qui t'a appris la valeur de la vie

L'essentiel, c'est d'être épanouie
De pouvoir vivre dans la dignité
Même si tu n'as pas une grande richesse
Matérielle

L'essentiel, c'est ta paix.

Mérites

Ils ne te méritent pas merveille !
Toi tu es plus spirituelle
Tu es plus travaillée
Plus humaine
Plus profonde
Pourquoi les fréquentes-tu ?

Tu t'épuises à vouloir
Leur ressembler
Mais ton cœur ne sait plus suivre
Leurs perditions
Et ton visage est empreint d'une sagesse
Que ton regard ne peut cacher

Ils pensent
Qu'ils te rendent service
De t'accepter dans leur cercle
De faire de toi leur amie
Toi qui as toujours
L'air si perdue, si anxieuse

Toi aussi
Tu penses que tu as raison
De les voir de temps en temps

D'entrer dans leur monde
D'essayer de t'amuser à leur façon
Tu crois que c'est cela être sociable
Mais au plus profond de toi
Merveille
Cela ne t'amuse pas
Cela ne te construit pas

Ils te renvoient cette image de maladroite
Incapable de faire la fête
Et tu t'épuises à chercher à les convaincre
Que toi aussi tu peux être comme eux

Mais tu ne peux pas
Tu es plus spirituelle
Plus humaine
Plus profonde

Tu crois être le problème
Mais la réalité est simple
Eux, ce sont des coquilles vides
Ils ne te méritent pas
Tu y perds ton temps.

Rêves

Tes rêves
Tes folies
Leurs doutes
Leurs poids
Tes rêves
Tes attentes
Leurs plaintes
Leur temps
Ta paix d'abord.

Tes rêves
Tes passions
Leur regard
Leurs loisirs
Tes rêves
Ton identité
Leurs rires
Leur gorge
Ta paix d'abord.

Tes rêves
Tes plaisirs
Leurs dires
Leurs affaires

Tes rêves
Tes droits
Leur jalousie
Leur peine
Ta paix d'abord.

Ton passé

Merveille,
À propos du passé
Et de la place qu'il occupe dans notre présent
C'est une affaire compliquée
Des spécialistes
Disent même que c'est la raison
De tout notre mal
Et celle de tout notre bien

Peut-être aurais-je dû
T'en avertir dès le départ
Mais je n'ai pas voulu t'effrayer
Car vois-tu, merveille,
Si on parlait du passé
De ce qu'il fait de nos vies
De nos pensées, de nos cœurs
De nos têtes, de nos êtres
Nous pourrions y passer des heures
Nous pourrions être des désespérés
Nous finirions enchaînés par la douleur
Ou enroulés grassement dans la joie passée

Quoi qu'il en soit, merveille,
À la fin de tout cela

Que le passé eut été sombre
Ou lumineux
Peut-être même neutre
Ou ennuyeux
La vie devrait reprendre
La vie devrait continuer

Ton passé
Fait de toi qui tu es aujourd'hui
Quelle que soit sa couleur
Ciel ou nuit
Le mieux est de l'accepter
Et d'en tirer le plus de sagesse possible
Au lieu de le laisser
Déteindre sur toi et te détruire

À propos du passé
Je souris aussi merveille
Car il n'y a pas que le passé sombre
Qui empêche d'avancer
Même si c'est souvent le cas
Un passé lumineux
Peut aussi enchaîner
Lorsqu'on prend sa lumière pour acquise

La réalité est celle-ci
Douce vie
Chaque personne
Doit construire son avenir
À un moment donné
Et prendre du recul
Par rapport à son passé

Toi aussi, merveille,
Tes expériences du passé sont diverses
Il est important de savoir les effets
Qu'elles ont eus sur toi
Pour que tu puisses avancer
Certaines t'on rendue plus conciliante
D'autres t'ont fait apprécier la vie davantage
Certaines t'ont montré tes vrais amis
D'autres t'ont indiqué de qui tu devais te séparer
Certaines t'ont fait faire de bons choix
Certaines t'ont égarée dans l'amertume
Certaines t'ont laissée meurtrie à tout jamais
Certaines ont fait de toi une personne forte
D'autres t'ont au contraire rendue plus vulnérable

Tes blessures passées ne te définissent pas
C'est toi qui détermines
Quelle dimension tu veux leur accorder

Merveille, ô merveille,
Tu as le choix
De t'approprier
Ton destin
Ce n'est pas facile
Mais petit à petit
Tu peux y arriver
Si chaque jour
Tu prends le temps d'y réfléchir
Et de te motiver

Ton passé ne te définit pas
Même s'il fait partie de toi

Tu as la capacité de le surpasser
De viser plus grand
D'aller plus haut.

Juges

Douce merveille,
Penses-tu que tu doives subir
Tous les fardeaux que la vie t'impose ?
Penses-tu que toutes les nuits
Méritent d'être bravées avec sueur
Ou ne vaut-il pas mieux parfois
Emprunter des chantiers
Éclairés par des Étoiles
Plus paisibles ?

Quand tu es bienveillante, ils disent que tu les nargues
Quand tu trébuches, ils demandent où tu avais la tête
Quand tu te tais, ils disent que tu es morne
Quand tu parles, ils disent que tu veux distraire
Comme un nain de la Cour
Quand tu pleures, ils se demandent pourquoi
Toi à qui la vie a tant donné

Alors, merveille,
Pourras-tu un jour avancer
Sans qu'ils ne parlent ?
Tu auras beau vouloir leur ressembler
Les contenter

Leur plaire
Ils te jugeront

Tu auras beau leur montrer
Une facette parfaite
Maquillée
Fausse
À leur image
Ils te jugeront

Cela n'a rien à voir
Avec toi
Cela a à voir avec le fait
Que ce sont des juges
Qui se sont érigés eux-mêmes
Pour examiner les vies des autres

Vois-tu, merveille,
Ils sont ainsi
Car ils sont incapables
De voir leurs propres failles
Incapables
De se remettre en question

Douce vie
Sois libre
De tes actions
Sois toi-même
Aime-toi
Peu importe le nombre de « juges »
Que tu croiseras

Ils te jugeront
Toujours
Car ils ont peur de s'assumer
Peur de s'aimer
Peur de se juger

Ils ont si peur
De braver
Leurs nuits.

Maladie

La maladie
Anéantit et affaiblit
Mais elle n'empêche pas d'écrire
Un poème
Une prose
Des paroles bienfaisantes
Pour l'âme
La maladie ne guérit pas seulement
Grâce aux médicaments
Mais aussi grâce aux paroles bienveillantes
Et aux douceurs de la vie

Il en faut
Des rêves
Des espoirs
Des douceurs
Pour s'échapper
D'un corps malade
Pour s'éloigner
D'un jour de douleur
Pour se détourner
De la peur de souffrir

La maladie n'empêche pas
De rêver
D'un jour meilleur
Qui viendra tout doucement

La maladie n'empêche pas
De penser aux jours de fête
D'harmonie
Qui se dessinent à l'horizon

La maladie n'empêche pas
D'envisager la guérison
De voir ses rêves reprendre
D'écrire des mots bienveillants
À ceux qui en ont besoin
Oui merveille
Même malade
On peut toujours penser aux autres

La maladie
N'empêche pas ton cœur
De continuer à se construire.

Bienveillants

Jamais tu n'aurais cru
Pouvoir tomber sur des êtres
Aussi extraordinaires

Ô merveille,
Tu as erré longtemps
Dans ta solitude
Dans ta détresse
À te demander désespérément
Si des gens bienveillants
Ceux sur qui tu peux compter
Ceux à qui tu peux parler
De tes nuits
Sans tabou
Existaient encore

Et là, ils viennent de te surprendre
Riches de leur gentillesse
Ils sont là
Capables de te tirer vers le haut
Ils trouvent tes rêves beaux
Ils te bercent et te consolent
De tes perditions

Tu les observes et te dis
Que tu ne croyais plus
Que des gens bienveillants
Existaient encore
Te serais-tu trompée ?

Ta tristesse ne trouvait plus de consolation
Et là tu viens de rencontrer
Des personnes capables
De te tirer vers le haut
De te redonner espoir en la vie

Te serais-tu trompée ?
Les gens bienveillants existent-ils encore
Dans ce bas monde ?

Ton argent

Merveille,
Tout le monde
A besoin d'argent
Pour vivre

L'argent achète beaucoup
Mais il n'achète pas tout
Surtout
Il ne peut acheter l'essentiel

Ton argent
Occupe beaucoup de place
Dans ta vie
C'est ainsi
Même si tu penses
Qu'il devrait en être
Autrement

Investis ton argent
Dans des projets solides
Pour te construire
Matériellement
Et spirituellement

Merveille, mets un peu d'argent de côté
Car tu ne sais pas
De quoi demain sera fait
Cela pourrait te soulager
Dans les temps difficiles

Dans la mesure
De tes moyens
Donne un peu de ton argent
Aux nécessiteux
Parce que la pauvreté
Anéantit l'âme
Et tout le monde
Mérite de vivre
Dans la dignité.

Avoirs

Ta réussite matérielle
Mérite d'être applaudie
Et admirée, merveille,

Mais douce vie,
Prenons aussi
Un peu de recul
Et réfléchissons
Avec sagesse
Sur la place qu'occupent
Tes avoirs

Tes avoirs
Si c'est seulement
La raison pour laquelle
Les autres t'aiment
Alors c'est dommage

Si c'est seulement
La raison pour laquelle
Tu te lèves tous les matins
Alors c'est dommage

Si c'est seulement
La raison pour laquelle
Tu t'es séparée d'un ami
Alors c'est dommage

Si c'est seulement
La raison pour laquelle
Tu te fais des amis
Alors c'est dommage

Si c'est seulement
La raison pour laquelle
Tu as été épousée
Alors c'est dommage

Je te souhaite
D'être aimée
Pour ton cœur
Tes talents
Ta sagesse
C'est cela qui te construira.

Prête

Tu dis que tu n'es pas prête
Que tu te prépares encore
Les années passent et repassent
Personne ne voit le bout de tes
« Je ne suis pas encore prête »

À toutes les fêtes tu es de la partie
Toujours disponible
Pour t'amuser
Mais tes projets n'avancent pas
« Quand tu seras prête » n'existe pas, merveille,
C'est maintenant ou jamais
Que tu dois te lancer

Tu dis que demain tu feras ci
Qu'après-demain tu feras ça
Que dans un an tu seras là
Mais cela reste des paroles

Tu dis que tu n'es pas encore prête
Mais en réalité
Te prépares-tu réellement ?
Que seras-tu demain ?

Merveille,
Personne n'a eu une vie accomplie
Sans y avoir travaillé
Prends le temps
De construire tes projets
De vivre tes rêves

Pose-toi
Écoute-toi

Il est temps
De bâtir ta vie
Il est temps
D'être enfin
Qui tu veux être
Et si tu consacres ton temps
À des projets
Qui te tiennent
À cœur
Tu ne pourras
Que réussir.

Conseils

Le pays des lacs bleus
Renferme une sagesse
Sans égale
Un adage de ce pays dit
Celui qui ne veut pas écouter
Ne sera pas épargné de voir
Pour autant

Merveille,
Prête toujours attention
Aux conseils sages
Et bienveillants des autres
Sinon le temps pourrait
Te pousser à le regretter
Dans l'adversité
Il pourrait dans les épreuves
Te forcer à voir
Ce que tu n'as pas voulu
Considérer comme un conseil valable

Douce vie,
Écoute ceux qui te veulent du bien
Examine où ils te disent
Que tu fais fausse route
Considère ce qu'ils te disent
Sur tes faux amis

L'essentiel de la vie
Les pièges que tu ne vois pas
Les décisions que tu prends à la hâte
D'autres que tu tardes à prendre

Ne laisse pas le temps
Te montrer dans la douleur
Ce que tu peux déjà voir
Dans la douceur
En écoutant les autres
Avec humilité

Il n'est pas nécessaire
Que tu suives tous les
Conseils qu'on te donne
Mais il est aussi
Dangereux de ne jamais
En suivre aucun
Et de ne pas écouter
Ceux qui te préviennent
De la douleur
Qui t'attend
Si tu ne reconsidères pas tes choix

Merveille,
Fais la part des choses
Pose-toi souvent
Et réfléchis toujours
Sur les conseils
De ceux qui te veulent
Du bien.

Ta force d'esprit

Merveille,
Des fois tu te juges
Si durement
Tu te blâmes pour tout
Tu te bloques par les limites
Que tu t'imposes
Qui t'empêchent
D'être celle que tu veux être
Cela me chagrine tant

Tu te morfonds souvent
En pensant
Que tu n'as pas de force d'esprit
Au contraire, douce vie,
En toi réside une force extraordinaire
À laquelle tu peux faire appel
Pour aller de l'avant

Tu te juges souvent
En pensant que tu ne sais
Rien accomplir
Mais tu peux y arriver
En demandant
Par exemple de l'aide

À ceux qui sont plus avancés
Que toi
Et tu verras la bienveillance
Que tu recevras
De leur part

Tu te morfonds sur toi
Car les autres disent
Que tu es une personne
Qui n'a pas accompli
Grand-chose
Dans sa vie
Alors que tu avances à ton rythme
À ta manière
Avec tes petits pas
Certes petits
Mais des pas quand même

Pour aller encore plus loin
Travaille ta force d'esprit
Et dis-toi « Oui je le peux ! »
Même si c'est difficile
Même si cela demande
Un effort considérable
Fonce, fonce, fonce

Accomplir ta vie
T'aidera à retrouver
Ta joie de vivre
Et à défaire
Les barrières de la peur
Cela te permettra

D'aider les autres
Également

Regarde la vie avec sagesse
Cherche des solutions au calme
Implique-toi avec courage
Travaille ta force d'esprit
Avec humilité
Et tu verras
Que cela fera la différence
Avec le temps.

Être fort

Être fort
Ne signifie pas
Être aigri
Ou être dur avec toi-même
Et les autres

Être fort ne signifie pas
Ne jamais rien ressentir
Ne jamais pleurer
Ne jamais tomber
Ne jamais faillir

Merveille
Tu peux être forte
Tout en restant
Dans la douceur
Tout en étant
Aimable
Tout en adoptant
La bienveillance

Tu peux être forte
Tout en restant
Sensible aux autres

Tout en gardant
Des valeurs humaines
Tout en plaçant ta spiritualité
Au centre de ta vie

Être fort
C'est faire des choix
De vie
Qui ont un sens
Malgré un monde
Qui pousse de plus en plus
De gens à se couper
De leurs émotions
Pour prouver
Qu'ils sont forts.

Blessés

Douce merveille,
Tout le monde fait des faux pas
Tout le monde fait des erreurs
Même avec la meilleure
Volonté du monde
On ne réussit pas toujours
À éviter de blesser les autres

S'il y a des gens que
Tu as blessés
Sache qu'eux aussi
Ils ont un cœur, une âme
Qui peuvent souffrir comme les tiens
Pourrais-tu t'approcher d'eux
Et leur demander pardon
En toute humilité ?

Certains te pardonneront
Et ensemble, vous pourrez
Aller de l'avant
En laissant le passé derrière

D'autres ne te pardonneront pas
Et s'éloigneront de toi

Cela ne voudra pas dire
Que tu n'aies plus de valeur
Ou que tu ne sois pas pardonnable

Cela ne voudra pas dire
Que tu sois une mauvaise personne
Ou que tu ne mesures pas
La peine que tu leur as faite
Cela ne voudra pas dire
Que tu ne puisses pas grandir
De tes erreurs

Cela voudra juste dire qu'ils ont choisi
Une autre route sans toi
Ne te torture pas
Pour cela
Ils ont le droit de ne plus te choisir
Dans leur vie

Douce vie,
Sache que
Chacun fait ce qu'il peut
De ses maux
De ses peines
S'ils ne peuvent te pardonner
C'est que cela n'est pas
Dans leurs possibilités

Ne juge pas leur choix
Respecte-le
Et souhaite-leur

D'avoir un jour
Un cœur qui pardonne

Merveille, l'important
C'est que tu aies compris
Ton erreur
Pardonne-toi
Et sois heureuse de reprendre
La route avec ceux qui t'ont choisie
Et qui te choisiraient encore
Malgré tes failles.

Épreuves

Tes épreuves
Ne leur accorde
Pas plus de place
Qu'elles ne devraient prendre
Elles te prendront
De toute façon du temps
De l'énergie
De la sueur
Dans la douleur

Merveille,
De tes épreuves
Il faut parfois t'évader
T'éloigner
Ne pas t'en préoccuper
Tu t'entraînes ainsi
À vivre loin d'elles
Sans elles
Parce que c'est cela ta destinée

Douce vie
Remplie de mille beautés,
Tes épreuves ne te définissent pas
Ce qui te définit,

C'est ton courage
Ta capacité de rebondir
Ton humour qui les dépasse
Ta sagesse qui les affronte
Avec vulnérabilité et humilité
Avec sérénité et fermeté.

Ne pense pas que tu doives
Surmonter tes épreuves
Toute seule
Les autres peuvent t'aider
À porter leur poids
Et à te sortir du chagrin
Pour revivre une vie digne

Il est temps d'espérer,
Les beaux jours
Sont devant toi !

Cancer

Le cancer est
Une vilaine maladie
Qui tue
Et attaque insidieusement
Ses victimes

Quand tu as cette maladie
Les autres te voient
Comme une personne
À l'espérance de vie
Courte
En tout état de cause
Sache que tu es aimée
Et que malgré cette maladie
Qui te ronge
Ta vie est précieuse
Ta vie en vaut la peine

Malgré le diagnostic
La confusion
La colère
La révolte
Les angoisses
Donne-toi une chance

De te poser
Vis pleinement

Profite des journées où tu te sens bien
Pour faire les choses qui te plaisent
Les choses qui t'énergisent
Mange des petites choses
Saines et que tu aimes
Dessine, peins
Apprends une musique
Une chanson
Rédige un poème
Ce seront tes douces et grandes victoires
Contre la maladie.

Révolte-toi

Merveille,
Peut-on vivre
En voyant les autres souffrir
En entendant leurs cris
En croisant leur misère
Sans rien dire
Sans rien faire ?

Peut-on vraiment
Rester silencieux
En voyant les autres
Privés de leurs droits
À la vie
Au bonheur
À l'épanouissement ?

Douce vie
Face à l'injustice
Il n'y a qu'une réaction
La dénonciation
De l'injustice
L'expression de
Ta révolte face à cela

Ceux qui oppriment
Ceux qui diminuent les autres
N'ont pas de place
Dans une société
Où la bienveillance
Et le partage
Des ressources
Et du bonheur
Devraient primer

Chacun a le droit
De vivre dignement
Sur cette terre
Sans avoir
À le mériter
Ou en demander
La permission.

Bonnes causes

Tant de gens
Ont besoin d'être aidés
À braver leurs nuits
Tant de gens
Ont besoin d'être guidés
Pour revoir le Soleil
Contempler la Lune
S'émerveiller des Étoiles

Chaque personne
Qui en a la possibilité
Devrait avoir une cause
Pour laquelle
Se battre
Pour aider les marginalisés
Par la société
Par la douleur
Par le désespoir
Par la maladie

Merveille,
Là où tu peux
Aide les autres à bâtir
Une vie meilleure

À sortir de la misère
À s'échapper de la détresse

Souvent
Ceux réussissent
À faire
De grandes actions
Pour aider les autres
Sont des personnes
Désintéressées par le profit
Mais profondément engagées
Leur implication va au-delà
De leur travail rémunéré
Même quand ils en font leur profession

Et toi, merveille,
Que ferais-tu ?

L'exemple

Merveille, que c'est dur
D'être une personne accomplie !
Cela demande un temps
Considérable de réflexion sur soi
Cela demande des décisions courageuses
De renoncer à tout ce qui t'enchaîne
Tout ce qui détruit
Tout ce qui distrait
Cela te demande
D'accepter d'être bienveillante
Envers toi et les autres

Le monde a besoin
De personnes
Pleines de sagesse
Montre l'exemple

Le monde a besoin
De personnes
Qui accomplissent des actes héroïques
Montre l'exemple

Le monde a besoin
De personnes bienveillantes
Montre l'exemple

Le monde a besoin
De personnes courageuses
Montre l'exemple

Le monde a besoin
De personnes honnêtes
Montre l'exemple.

Cherche-toi

Ne te perds pas dans le ruminement
Ne te perds pas dans la tristesse
Ne te perds pas dans les attentes
Ne te perds pas dans l'angoisse

Cherche-toi
Dans ton cœur
Dans ta tête
Dans tes actions
Dans tes pensées
Dans tes projets
Dans tes désirs

Cherche-toi
À travers tes mots
Tes souvenirs
Ce qui te blesse
Ce qui te construit
Ce qui te rassure
Ce qui te repose

Cherche-toi
Dans les livres
Dans la nature

Dans l'air
Dans la tristesse
Dans la joie

Cherche-toi
Chez les autres
Dans tes défis
Dans ton travail
Et tes aventures

Cherche-toi
Dans ton cœur
Dans ce que tu ressens
Dans ce que tu vis
Dans ce que tu vois
Dans ce que tu veux

Ô, merveille,
Trouve-toi.

Ta lumière

Tu penses qu'ils ne veulent pas de toi
Parce qu'ils ne t'invitent pas
Parce qu'ils ne se confient pas à toi
Parce qu'ils ne te demandent pas de les aider

Tu penses qu'ils ne t'aiment pas
Qu'ils ne te respectent pas
Et cela te rend triste et perdue

Merveille, en réalité
Ta lumière leur fait peur
Ta droiture les déconcerte
Et ils n'osent pas t'impliquer
Dans leurs faux pas

Ils ne te parlent pas
De leurs impostures
Ils ne te parlent pas de leurs faussetés
Ils se montrent toujours droits
Toujours beaux devant toi
Car ils ne peuvent affronter
Ta lumière
En te montrant leurs ténèbres

Tu penses qu'ils ne t'aiment pas
Cela te rend triste et désemparée
Mais en réalité, merveille,
Comment pourraient-ils
Affronter tes foudres
Si tu apprenais leur misère ?

Merveille, ta lumière fait peur
Tu seras seulement aimée
Par ceux qui peuvent
Y faire face
Sans s'en cacher

Cela te rend triste
De ne pas être des leurs
Mais n'insiste pas, merveille,
C'est bien ainsi.

Petit enfant

En toi sommeille un petit enfant
Qui attend
Que tu le libères
Que tu le rassures
Que tu lui dises que tu n'as pas oublié
La promesse que tu lui as faite
De continuer à avoir
Un cœur pur
Comme le sien

On t'a dit qu'il avait grandi
Et toi tu as compris
Que l'adulte que tu es
Doit faire des concessions
Sur ses folies d'enfant
Renoncer
À la promesse qu'il ne sera jamais
Comme les grandes personnes
Qui ont oublié
Qu'elles ont été des enfants bienveillants un jour

On t'a dit qu'il avait grandi
Et toi tu as compris
Que ses rêves, ses folies
Ses passions, ses élans

D'enfant
Lui étaient désormais interdits

Ses rêves, ses promesses
Ses rires, ses souvenirs
Sont toujours en toi

Ses jeux,
Ses innocences
Sont toujours en toi

Ses attentes, ses doutes
Ses victoires, ses batailles
Sont toujours en toi

L'enfant qui sommeille en toi
N'a pas grandi
Il s'accroche toujours à son innocence
À son charme
À sa pureté
Et porte encore le même regard
Angélique sur la vie
Il éclate toujours de rire
Quand il est gai
Et prend toujours la vie comme elle vient

Le petit enfant qui est en toi
Si beau
Si doux
Si patient
A les yeux rivés sur toi
Il attend que tu te rappelles
Des promesses
Que tu lui as faites.

Souffrance

Ô souffrance,
Ta souffrance, merveille,
Un jour, elle est poignante
Un autre jour, elle est brûlante
Un jour elle est silencieuse
Un autre jour elle est bruyante
Un jour elle est lointaine
Un autre jour elle est si près
Si envahissante
Parfois elle me dépasse
Parfois je ne sais quoi faire

Ta souffrance
Cherche sa place
Cherche son sens
Cherche la dimension
Que tu pourrais lui donner
Sans t'abîmer
Sans te consumer

Ô souffrance
Ta souffrance
Qu'elle fait mal

Qu'elle est horrible
Qu'elle est terrible

Écoute-la
Laisse-la s'exprimer
Puis partir tout doucement
Laisse-la se montrer
Puis partir tout doucement
Laisse-la se dévoiler entièrement
Puis partir tout doucement

Ô souffrance
Ta souffrance partira
Douce vie
À moins qu'elle ne soit
Une de ces souffrances éternelles
Qui un jour cessera d'être poignante
Pour être douce et inspirante.

Angoisse

L'angoisse engloutit
Ta raison
Elle te rend perdue et confuse
Ma merveille

Un jour tu es noyée dans l'angoisse de vivre
Enchaînée pour toujours
Puis un autre tu es percutée par
L'angoisse de vivre
Libre et libérée pour de bon

Un jour tu t'angoisses
De vivre envahie pour toujours
Et un autre jour tu as peur
D'être seule à jamais

Un jour tu es foudroyée
Par l'angoisse d'être
Heureuse pour toujours
Et le lendemain tu as cette crainte
D'être malheureuse à jamais

Merveille,
Aie le courage
De vivre ta vie
Malgré tes angoisses.

Décisions

Ta vie ne te convient pas ?
Prends des décisions

Ton travail ne te convient pas ?
Prends des décisions

Tu n'es pas heureuse en couple ?
Prends des décisions

Tu voudrais voyager plus ?
Prends des décisions

Des personnes qui ne te respectent pas ?
Prends des décisions

Ne te torture pas
À te plaindre
Prends des décisions,
Merveille.

Croyants

La force d'esprit des croyants
Est d'une pure intensité
Comme s'ils empruntaient
À Dieu un peu de sa puissance

Les croyants
Ont souvent leurs prières exaucées
Parce qu'ils ont la foi
Parce qu'ils ont confiance

Si toi aussi tu as la foi
Prie, merveille
Demande la Paix sur la Terre
Et la Paix dans le cœur
De chacun de ses habitants

Prie encore
Demande un cœur aimant
Un cœur persévérant
Un cœur imprégné de sagesse
Un cœur réfléchi
Un cœur humble

La puissance
Du croyant
Est d'une pure intensité.

Empathie

Les autres aussi
Sont faits
De chair et d'os
Faits de doutes
Faits de peines
Faits de joie
Faits de bonheur
Tout comme toi

Certains se cherchent encore
Tout comme toi
Peut-être ne sont-ils
Pas encore aussi loin que toi
Dans leur cheminement
Peut-être ont-ils besoin d'une personne
Qui les éclaire
Prends leur main
Guide-les sur le chemin
Que tu as déjà débroussaillé

Les autres sont comme toi
Faits de leurs faiblesses
De leurs forces
De leur histoire
De leur vue sur le monde

Les autres sont différents de toi
Ils ont une autre histoire
D'autres opinions
D'autres douleurs
D'autres nuits
D'autres Étoiles

Les autres
Dans leur différence
Ont peur d'être jugés
D'être rabaissés
De ne pas être aidés
De ne pas y arriver
De se perdre davantage

Tout comme toi

Oh les autres
Ne leur ris pas au nez
Avec leurs faux pas
Ne les blâme pas
Pour ce qu'ils ne savent
Pas encore voir
Douce vie
Rappelle-toi
Que toi aussi tu es l'autre
Pour les autres
Essaie de te mettre
Parfois à leur place
Et de les aider
Si tu le peux.

Ils l'ont fait

Merveille
Tu as cette tendance
De penser que ceux qui ont
Réussi plus que toi
Sont plus solides spirituellement
Ont plus de moyens matériels
Sont plus intelligents
Plus perspicaces que toi
Cela t'anéantit le cœur
Alors que toi aussi
Tu es dotée
D'une force incroyable
Dans ton cœur

Ceux qui ont réussi
Avant toi
Ont osé
Braver leurs angoisses
Non parce qu'ils n'avaient pas peur
Ou qu'ils avaient la certitude
De réussir
Ils ont juste foncé
Malgré leurs doutes
Ils ont juré de s'aimer quand même

Si jamais ils avaient à affronter
Un échec

Ils l'ont fait
Parce que c'était peut-être
La seule solution
À leur survie
Et qu'ils ne se voyaient plus
Vivre autrement

Ils l'ont fait
Parce que c'était
Le seul choix possible
Pour leur dignité
Leurs valeurs

Et toi, merveille ?
Vas-tu le faire ?

Moque-toi un peu

Eux qui se croient si supérieurs à toi
Eux qui pensent que tu aimerais
Être à leur place
Leur ressembler
Amasser des biens
Comme eux
Tout en perdant
Le sens de l'essentiel

Au fond de toi
À chaque fois que tu les vois
Tu remercies le ciel
De ne pas être à leur place
Ils brandissent de faux bonheurs
Mais derrière leurs faux-semblants
Tu sais et tu vois
Qu'ils ne sont pas heureux
Tout dépend de leur champagne
De la marque de leurs chaussures
Et de qui ils veulent impressionner

Toi merveille, tu es si unique
Tu n'échangerais
Pour rien au monde

Ta paix et ta joie de vivre
Tu n'échangerais pour rien au monde
Ta profondeur et tes valeurs

Quand tu les vois
S'adresser à toi
Comme à un être inférieur
Te donner des conseils
Pour leur ressembler
Au plus profond de toi
Silencieusement
Ris-en un peu, merveille

Moque-toi d'eux
Ils sont vraiment drôles
Ils ne savent pas
Que tu es déjà heureuse
Parce qu'ils ne conçoivent pas
Que tu puisses avoir accès au bonheur
En ayant si peu
Et surtout en étant si vraie

Mais si, c'est réel
Merveille.

Reviens

Douce merveille,
Parlons maintenant
De cet entêtement qui paralyse
Et tue le bonheur

Aurais-tu remarqué
Que beaucoup de gens
Sont victimes de leur entêtement
Et que beaucoup persistent
Dans l'erreur
Après s'en être rendu compte ?

Dépouillés par leur aveuglement volontaire
Beaucoup de gens
Ont anéanti leurs rêves
Par peur d'admettre
Qu'ils ont eu tort
De faire tel ou tel choix

Merveille, je t'en conjure,
Savoir revenir sur tes pas
Et te remettre en question
Est la plus grande des sagesses

Comment pourrais-tu
Après tout
T'accomplir pleinement
Sans jamais te questionner
Et ajuster ton chemin
Si nécessaire ?

Je te le dis douce vie
Reviens sur tes pas
Chaque fois qu'il le faut
Change d'avis
Chaque fois qu'il se le doit

Si tu fais un faux pas
Arrête-toi pour réfléchir
Et retravailler les choses autrement
Tu en as le droit
Tu en as le pouvoir
Ne te morfonds pas
Ne persiste pas dans l'erreur
Retourne en arrière
Rectifie le tir

Merveille, sache apprendre
De tes erreurs
Pour avancer
Ne t'y cramponne pas
Dis « Je me suis trompée »
Dis « Tiens, j'ai fait une erreur de jugement »
Si on mourait en prononçant ces mots
Cela se saurait, après tout

Il n'y a pas de honte
À ne pas être parfait
Au contraire, il y a tout un tas de possibilités
Il y a tout un art, toute une beauté
Et de merveilleux choix qui peuvent être explorés
Et sache que tu as le droit de te tromper

Au pays des lacs bleus
Ont dit que *Sagesse*
Qui ne se remet pas en question
Devient Lâcheté.

Demande pardon

Merveille, qu'il est dur
De demander pardon
Comment expliquer
Un moment d'égarement ?
Une folie passagère ?
Un diable qui nous habitait ?
Personne ne le sait

Si tu es allée trop loin
T'en vouloir
Ne pourra que te tourmenter
Ignorer la douleur causée
Ne t'apaisera pas
Pour autant

Réparer la relation
C'est possible
Demander pardon
Est la seule voie

« Pardon »
Dis-le, merveille,
En toute humilité
En toute désolation

Avec dans ton cœur
Une résolution ferme et sincère
De ne plus recommencer.

Sais pas

Chère merveille,
Aurais-tu remarqué
Que beaucoup
Font des promesses
En sachant pertinemment
Qu'il sera difficile voire impossible
De les honorer ?
Cela nous met ensuite
Dans une situation compliquée
Qui aurait été évitée
Si nous avions simplement
Eu le courage
D'exprimer notre hésitation

Au pays des mille collines
Quand on parle d'une personne
Qui s'est attiré des ennuis
Ont dit qu'*elle a accroché*
Un petit bâton en étant assise
Mais qu'il faudra qu'elle se lève
Pour le décrocher

Douce vie, il n'y a pas de mal
À dire parfois que tu ne sais pas

Tu ne sais pas si tu pourras y arriver
Tu ne sais pas si telle personne te plaît
Tu ne sais pas si tu as envie d'en parler
Tu ne sais pas si tu veux t'engager
Tout n'est pas clair et voilà, tu ne sais pas
Cela ne veut ni dire oui, ni non
Et c'est ton ressenti
Tu as le droit de l'avoir et de l'exprimer

Ne laisse pas les autres te presser
Et t'obliger à prendre des décisions
Non réfléchies, non pesées
Dis-leur sans te sentir coupable
« Je ne sais pas »
Parce que c'est honnête
Parce que c'est la réalité

Fais-leur savoir
Que tu dois encore te poser
Prendre ton temps
Et poser la question à ton être
Tu dois encore y réfléchir
Peser les pour et les contre
Demander peut-être conseil
À un ami

Merveille,
Préfère toujours risquer
De passer pour une indécise
Plutôt que de regretter
D'avoir décidé trop vite.

Non !

Merveille,
Toi qui es aussi merveilleuse
Que le Soleil couchant
Toi qui éclaires les ciels
Du pays aux lacs bleus
Plus que les Étoiles et sa Lune
Ne puissent le faire
Je vais te révéler une vérité
Importante
Car le mensonge
Ne m'aurait jamais fait
Venir jusqu'à toi
Vois-tu douce vie,
Aussi belle personne
Que tu puisses être
Pour les autres,
Apprends à leur dire non
Lorsque cela est nécessaire

Ne sois pas tourmentée
Par le simple fait de dire non
Car vois-tu merveille,
Lorsque le Soleil doit se coucher
Il s'éloigne

Même quand tu as encore
Besoin de sa lumière
Le temps de son départ
N'appartient qu'à lui
Tout comme le temps de son lever
Tu dois seulement t'ajuster à ses humeurs
Et à ses saisons
Toi aussi
Ton temps et tes raisons
De dire non
N'appartiennent qu'à toi
Et les autres devront parfois s'ajuster
En fonction de cela

Ton temps
Tes valeurs
Tes possibilités
Ta volonté
Ta joie
Sont importants
Et toi seule peux les protéger

Douce vie,
Tu as le droit
De dire non

Non parce que tu ne veux pas
Non parce que cela ne te convient pas
Non parce que tu as des doutes
Non parce que tu ne sais pas encore
Non parce que c'est contre tes valeurs

Non parce que c'est non
Tout simplement

Au pays des lacs
Qui sont des reflets de ciel
Ne dit-on pas
Qu'*une sagesse est de dire oui*
Et que l'autre sagesse est de dire non ?

Faibles

Merveille,
Pourquoi le monde déteste
Les plus faibles
Les plus vulnérables
Les plus pauvres ?
Pourquoi le monde
Les dénigre
Alors qu'ils font
Ce qu'ils peuvent
Avec leurs moyens
Limités ?

Ils sont moqués
Car ils ne vont pas
Avec la mode
De leur temps

Ils sont moqués
Parce qu'ils n'ont
Pas les moyens
De se permettre
Les fausses
Apparences de bien être
Comme tout le monde

Ils sont moqués
Et traités d'escrocs
De profiteurs
Lorsqu'ils demandent
À être aidés

Ils ne sont pas invités
À des fêtes
Par peur de gêner
Ceux qui se conforment
Aux codes si complexes
Des rencontres légères

Qui les aidera
À changer de vie ?
À sortir de leur détresse ?
Si ceux qui ont les moyens
Ne font que se moquer d'eux ?

Qui aidera les plus forts
À être moins superficiels ?

Fais ce que tu peux

Merveille,
Le monde d'aujourd'hui
Confond terriblement la réussite
Avec la célébrité
Ne te torture pas
À croire que pour réussir ta vie
La terre entière doit te connaître
Et approuver tes choix
Fais toujours ce que tu peux
Même si c'est en silence
Même si c'est dans l'anonymat

Ne te laisse pas impressionner
Par les exploits cacophoniques de certains
Toi aussi, avec tes petites actions
Tes projets bien réfléchis
Tes moyens bien pesés
Tu arriveras bien quelque part

Merveille,
Tu ne fais peut-être pas
Le même bruit qu'eux
Tu n'as peut-être pas
Leur folie de grandeur

Mais ta grandeur à toi
C'est ta sagesse
C'est cela qui importe
Et rien d'autre
Ne te laisse pas impressionner
Par ceux qui font plus
De bruits que d'actions

Merveille,
Ne pense pas que je t'encourage
À rester dans l'anonymat
Si tu fais des merveilles
Et que tu deviens connue
Je ne pourrai
Qu'être ravie pour toi
Seulement douce vie
Même au sommet de ta gloire
Souviens-toi toujours
Des valeurs
Qui te fondent.

Choix

Le choix
De vivre tes rêves

Le choix
De ne pas abandonner

Le choix
De faire tes propres choix

Le choix
D'écouter ton cœur

Le choix
D'être vraie

Le choix
D'être grande

Le choix
D'être humble

Le choix
D'être sincère

Le choix
D'être toi

Tes choix sont beaux, merveille.

Secrets

Sais-tu garder les secrets
Que les autres
Te confient ?
Douce vie ?

Vois-tu
Il n'est pas utile
De dévoiler les confidences des autres
Qu'elles aient été livrées
Comme des secrets
Ou spontanément lors des conversations

Non,
Les autres n'ont pas besoin
De te préciser que ce qu'ils te confient
N'est pas à répandre
Lorsqu'ils livrent une part intime
D'eux-mêmes

En dévoilant
Les secrets
Des autres
Et en racontant leur vie
À tout va

Eux aussi se donneront
Le droit de raconter la tienne
À tout le monde
D'autres encore
Verront que tu n'es pas
Une personne digne de confiance
Et ne te confieront
Jamais rien

Merveille,
Ne sois pas comme une lettre ouverte
Garde bien les secrets des autres.

Petites attentions

Ce sont les petites attentions
Qui prouvent ton amour
Sinon comment l'être aimé
Pourrait croire
Et voir qu'il est chéri ?
Comment pourrait-il imaginer
Que tu l'as constamment
Dans tes pensées ?

Merveille,
Prends soin de ton amour
Sans petites attentions
De tous les jours
Il pourrait être triste
Se détourner de toi
Et te blâmer d'être indifférente
À son existence
Alors que tu es profondément
En amour

Il y a tant de choses
Qui peuvent lui montrer
Qu'il est le seul
Que tu portes dans ton cœur

Quand ton amour est là
Montre-lui ta joie
D'être avec lui
Et quand il part
Dis-lui au revoir avec des mots tendres
Au revoir amour
Quand te reverrai-je encore une fois ?

Quand ton amour te rend visite
Exprime ta joie
De le voir
Et de passer du temps avec lui
Ne pense pas
Qu'il doive
Seulement le deviner
Ou le voir dans tes actions
Il a aussi besoin
De l'entendre
Vois-tu douce vie
Les mots d'amour
À l'être aimé
Sont comme un élixir de vie

L'amour n'est pas que des mots
Mais aussi des projets
Dans sa vie de tous les jours
Ton amour a besoin
De ton soutien
Ton attention
Tes idées
Ta volonté

Il n'est pas nécessaire
De trop aimer
Trop s'impliquer
Au point d'étouffer
L'autre
Aimer simplement
Est suffisant.

Question d'argent

Merveille,
Comment te dire
Que moi aussi
Souvent les règles
De ce monde
Me pèsent et m'oppriment
Parfois j'ai mal quand j'y pense
Et puis j'ai peur quand j'y repense

Regarde
Comment tout est devenu
Une question d'argent
Dans ce bas monde
Serait-ce une loi
Votée sans qu'on ne le sache ?
Ou peut-être même
Une tradition errante
Venue de je ne sais où
Pour s'installer
Insidieusement
À côté des nôtres ?

Vois-tu
Quand tu n'as pas d'argent

Dans ce bas monde
On te traite comme un moins que rien
On te refuse des opportunités
On te prive d'avenir
Même quand tu as
Un beau potentiel

Ceux qui ont l'argent
Ont souvent accès à tout
Même quand ils ne sont pas meilleurs
Juste parce qu'ils peuvent
Acheter la gloire
Au détriment de ceux qui
Ont plus de mérite

À la fin de tout cela
Que reste-t-il de nos êtres
Que nous reste-t-il de nos valeurs
Si elles sont seulement
Basées sur l'argent ?

Merveille, tout est devenu une question
D'argent, mais toi,
Accroche-toi à tes valeurs
Malgré les tentations matérielles de ce bas monde
Apprécie la valeur de chaque être humain
Pauvre ou riche
Sans la déformer
Par le miroir de l'argent

Cela te prendra peut-être
Du temps pour arriver

À réaliser tes rêves
En parcourant
Un chemin si droit
Les chemins des justes et des braves
Ne sont-ils pas après tout les plus longs
Et les plus parsemés d'embûches
Que les chemins remplis de superficialité
De paillettes et d'argent ?

Oui ce sera plus long
Mais grâce à ce choix
Tu arriveras plus loin
Que la Lune et les Étoiles
Et tu seras grandement
Appréciée pour cela.

Oser Pleurer

Pleurer, oui pleurer, merveille,
Parce que cela fait du bien
Parce que c'est courageux

Pleurer,
Parce que rien ne va aujourd'hui
Parce que la nuit est trop sombre
Parce que tu as perdu ton amour
Parce que la vie est dure
Parce que le monde est injuste
Parce que tu dis merci du fond du cœur
Parce que tu t'en veux d'avoir tout gâché

Pleurer encore,
Parce que tu es dépassée
Parce que tu es courageuse
Parce que tu n'en peux plus
De cette vie
Qui nous entasse
Comme des briques de confusion

Et puis pleurer,
Parce que tu as
Simplement envie de pleurer

Douce merveille,
Sentir tes larmes couler sur ta joue
Puis tomber par terre
En emportant ta peine

Te sourire
Fermer les yeux
Te rappeler la dernière fois
Que tu as si bien pleuré
Il était temps de le refaire

Te féliciter d'avoir réussi à pleurer
Sans te retenir
Sans avoir peur des préjugés
Qui prétendent que seuls les faibles
Pleurent.

Va

Va
T'aérer l'esprit
T'aérer le corps
Voir d'autres paysages
Rencontrer des amis lointains
Voir comment ils vivent
Emprunte-leur un peu
De leur chaleur

Éloigne-toi de l'endroit
Qui nourrit tes peurs
Tes angoisses
Ose d'autres coins de rue
D'autres parcs
D'autres lacs
D'autres rivières
Retourne à des endroits
Chargés de douleurs
Chargés d'histoire
Vole-leur ton ultime guérison

Va
Déposer tes blessures
Tes défaites

Tes failles
Tes douleurs
Sur d'autres collines

Pars te reconstruire
Dans une grande randonnée
Dans une maison paisible à la campagne
Ou à la mer

Va
Rencontrer tes souvenirs d'enfance
Ou tes batailles d'adulte

Partir, c'est partir, oui
Mais c'est aussi
Revenir à toi

Va !

Colère

La colère
Cette arme
À double tranchant
Merveille,
Penses-tu que tu puisses
La manipuler
Sans qu'elle ne te blesse également ?
Demande donc à ceux qui
S'y sont risqués
Avant toi !

Quand tu te fâches
Merveille, moi j'ai peur
Même quand ce n'est pas sur moi
J'ai peur car le ton de ta voix change
Ton visage s'assombrit
Tu cries et tu dégages
Un nuage noir de ton être !

Tu penses que la colère
Te donne de l'énergie
Mais cela t'anéantit, douce vie,
Cela te tue
Cela t'éloigne de ta douceur
Et les autres

Te donnent tort pour la forme
Même si tu as raison sur le fond

Merveille,
La colère rend visite
À chacun de nous
Seulement avec les années
Tu verras par toi-même
Qu'elle ne t'a rien apporté
Qu'elle n'a fait que t'anéantir
Il faut juste la voir venir
Et ne rien tenter
Tant qu'elle est là
Car elle déforme tout

La colère est vicieuse
La colère te rendra malade
Alors que celui qui l'a provoquée
Est dans la sérénité
Si ce n'est une joie ironique
De t'avoir déstabilisée à ce point

Douce vie,
Tu peux apprendre
À expliquer ce qui te préoccupe
Sans avoir à te mettre
Dans des colères noires
Sans avoir à propager
Des mots qui anéantissent
Ton âme.

Souris

Souris, merveille,
Malgré la tristesse
Malgré la douleur
Parce que sourire
C'est s'ouvrir
Les portes du paradis
C'est asperger
Son visage de lumière
Et laisser les éclats de Lune
Se répandre sur les visages des autres

Souris à ton visage dans le miroir
Admire tes traits un à un
Ceux qui sont venus avec le temps
Avec les victoires
Avec les épreuves
Avec la maturité

Souris !
Admire les traits que
Tes nombreux sourires ont dessinés
Ceux que tu avais oubliés
Regarde-toi dans les yeux et souris
Souris des Étoiles

Souris des étincelles
Souris des victoires
Souris à la vie
Souris à l'amour
Souris
Ta lumière.

Le Thé, c'est la vie

Le thé,
C'est la vie
Ses amateurs
Pourraient en parler
À ne plus en finir

On peut trouver
Toutes sortes de thés
Avec des bienfaits variés

Du thé estomac léger
Jambes lourdes
Du thé calmant
Du thé pour soigner
Les maux de gorge
Du thé qui aide
À s'endormir
Du thé vitalité
Ainsi que tant d'autres

Le thé, c'est la vie
Laisse-le infuser
Prendre le temps
De colorer l'eau

De la parfumer
De lui donner du goût
Et si toi aussi
Si tu te donnais le temps d'infuser
De colorer la terre
Et de prendre du goût ?

Le thé, c'est la vie
Chaud ou glacé
Choisis-le souvent
Aux boissons
Néfastes à ta santé
Et qui peuvent
Provoquer une addiction.

Nature

Oui la nature
Douce vie,
Tu as besoin d'elle
Elle est en toi
Elle est partout
Cherche-la
Préserve-la

Les lacs
Les arbres
Les feuilles
Les plantes
Les sentiers
Les bois
Les animaux
Les oiseaux
Remercie-les
D'exister
Respecte-les
Chante pour eux
Et vois comment
Ils te répondent

Toi et la nature
Vous ne faites qu'un
Remercie-la, taquine-la !
Moque-toi d'elle
Danse pour elle

Assieds-toi par terre
Et regarde autour de toi
Contemple le ciel
Respire l'air frais

Sens
L'air qui te touche
Et te rassure
L'air qui te touche
Et te soigne
L'air qui te touche
Et te murmure que toi aussi
Tu es la nature.

Sens.

Parle

Dans ta tristesse
Ne reste pas enfermée, merveille
Parle à un ami, à un confident
De ce que tu ressens
Dans ton cœur
De ce qui se passe
Dans ta tête

Si tu sens que tu n'en peux plus
Que ton cœur va lâcher
Et que tu ne pourras pas tenir
Tu peux consulter quelqu'un
Une personne qui pourra t'aider
Sans te juger
Une personne qui t'écoutera
Avec empathie
Et ensemble vous ferez
Le chemin du retour
À la vie
À la joie

Parle de ce qui te blesse
Ce qui te détruit
Ce qui t'anéantit

Ce qui t'épuise
Ce qui te paralyse
Ce qui te bloque

Dis comment tu as bravé ta nuit
Parle de ce qui te reste
Des nuits sombres de ton cœur
Dis comment tu vois ta vie
Comment tu vois ton futur
Pourquoi tu es heureuse
Pourquoi tu es préoccupée

Parle
Et tu seras aidée !

Chances

Compte tes chances
Et si tu en avais plus que tu ne pensais ?
Compte tes chances
Parce qu'on a tendance
De nos jours
À nous apitoyer sur notre sort
À ne nous concentrer
Que sur ce qui ne va pas
Alors qu'il y a beaucoup de choses qui vont

Compte tes chances
N'oublie pas les petites choses
Que tu as prises
Pour acquises
N'oublie pas les grandes choses
Dont tu penses
Qu'elles ne relèvent
Que du mérite

Une, deux, trois
Compte tes chances.

Victoires

Existe-t-il des
Petits pas, merveille ?
Finalement
Tous les pas que l'on fait
Tant qu'on va de l'avant
Ne sont-ils pas
De grands pas ?

Sourire
Pour la première fois
Après une douleur intense
Qui n'est pas encore partie
N'est-ce pas un grand pas
Qui vaut une médaille
De mérite ?

Te raccrocher
À une seule chose
Positive de ta vie
Au milieu de nombreuses
Épreuves
Est un si long pas
Qui a besoin d'être

Reconnu avec une
Médaille du courage

Oser, malgré tout
Croire en la vie
Malgré les épreuves
Et les montagnes encore à gravir
Voilà ta force
Voilà ta victoire

Les pas qui mènent
À l'épanouissement
Commencent toujours
Dans le cœur.

Écris

Merveille
Écrire est une
Belle aventure
Qui donne
Beaucoup de force
Et qui guérit
Tant de blessures

Oui écris
Un mot après l'autre
Pose tes rêves
Sur un papier
Imagine
Transforme
Fais rire
Fais rêver

Écris un mot
Après l'autre
Réinvente la vie
Réinvente la terre
Les collines
Les Étoiles

La mer
Les océans

Écris un mot
Après l'autre
Raconte une histoire
Fais pleurer
Guide
Crie
Prie, Supplie
Rassure

Écris pour guérir tes blessures
Écris pour crier ta joie
Écris pour être
Écris pour vivre

Crie !
Écris encore !

Cela guérit l'âme
Cela donne de la joie au cœur
Cela apaise l'esprit.

Priorités

Merveille voudrait
Aimer les autres
Sans s'oublier

Merveille voudrait
Tant plaire aux autres
Sans s'oublier

Merveille voudrait
Aider les autres
Sans s'oublier

Merveille voudrait
Écouter les autres
Sans s'oublier

Sans oublier
Ses rêves
Sa vie
Sa joie
Ses choix

Écris ceci sur un bout de papier
Avec ton nom

Que cela fait du bien !

Franchise

Merveille
Tu as le droit de
Parler aux autres
De manière franche
Quand il le faut

Tu ne peux pas
Et tu ne dois pas
Toujours rester
Silencieuse
Quand les autres
Bousculent
Ton bien-être

Tu as le droit de
Parler avec franchise
Et dire ce que tu ressens
Surtout quand tu sens
Qu'ils ne te respectent pas
Et veulent te voler
Ta part des Étoiles
Ta part de la Lune
Ta part des océans

N'aie pas peur de parler
Avec clarté
Pour dire ce que tu veux
Pour les remettre à leur place
Et revendiquer le respect
Et la considération
Auxquels tu as droit

Parle-leur avec douceur
Pour leur demander
De ne pas te mépriser
De ne pas écraser tes droits
De ne pas compromettre tes valeurs.

Livres

Les livres ?
Lis sur la tolérance
Lis sur la décadence

Lis sur la beauté
Lis sur la disgrâce

Lis sur l'actualité
Lis sur l'histoire

Lis sur l'agitation
Lis sur la sérénité

Lis sur la cuisine
Lis sur l'art

Lis sur le courage
Lis sur la lâcheté

Lis sur la souffrance
Lis sur le bonheur

Les livres ?

Lis sur l'amour
Lis sur le désamour

Lis sur la haine
Lis sur la vanité

Lis sur le commencement
Lis sur la fin

Lis sur la mort
Lis sur la vie

Les livres ?

Lis ceux te blessent
Lis ceux te construisent
Lis ceux qui parlent de toi
Lis ceux qui te contredisent
Et ceux qui te font parler

Lis ceux qui te font taire
Lis ceux qui te rendent dingue

Lis ceux qui t'oppriment
Ceux qui te trahissent

Lis ceux qui sont en avance de ton temps
Et ceux qui sont tombés dans l'oubli

Lis ceux qui te remettent en question
Ceux qui te posent des questions
Ceux qui te laissent des questions

Lis sur ce que tu as perdu
Et ce que tu as retrouvé

Lis sur la liberté
Lis sur ce qui sauve

Lis sur les prisons
Lis sur les colères
Lis sur ce qui te construit
Lis sur ce qui te détruit

Lis les pourquoi
Lis les parce que
Au lieu de les demander

Et tu sauras.

Médite

Assieds-toi dans un endroit calme
Par terre en position lotus
Ou sur une chaise
Fais le vide dans ta tête
Reste dans cette position
Aussi longtemps que possible
Pour que tout ce qui t'opprime
Se taise

Silence tes angoisses
Silence tes peurs
Silence les abandons
Silence les trahisons
Que tu as subis

Silence ce qui te détruit
Silence tes peurs
Silence ton chagrin
Silence tes perditions

Seul à seul maintenant
Avec ton cœur prêt à te rencontrer
Dis-lui que tu es là
Salue-le
A-t-il bravé sa nuit ?

Écoute-le.

Les couples

Merveille,
Comment les couples
Se forment et se déforment ?
Y a-il une seule règle qui prévaut en amour ?
Quelle est la magie
Qui unit deux êtres inconnus
Pour qu'ils s'aiment
D'un amour intense ?

Qu'est-ce qui fait
Que les couples marchent
Qu'est-ce qui fait
Qu'un couple soit harmonieux ?
Qu'est-ce qui déchire
Les couples ?

Dans un monde
Qui exige de plus en plus
De fausses apparences
De bien-être
La vérité est que la santé
D'un couple
N'est réellement connue
Que par ceux qui le forment

Merveille, tu ne peux
Jamais réellement
Savoir à quel point
Les autres couples
Sont forts ou fragiles
Tristes ou heureux
Réconciliables ou éteints à jamais

Que savoir des couples ?

Douce vie
Tu ne peux voir leur
Stabilité avec seulement tes yeux
Ou entendre leur détresse
Avec seulement tes oreilles

Merveille,
Tant de mariages ont échoué
Alors qu'on leur avait prêté
Une réussite évidente
D'autres encore ont marché
Alors qu'on leur garantissait
Un échec certain

Il y a des couples qui semblent
Si paisibles
À tel point
Que tu envies leur quiétude
Alors qu'ils sont éteints
Depuis longtemps

D'autres encore jouent
Sur les apparences
De bonheur
D'équilibre
Sans vraiment être
Ce qu'ils montrent

Merveille,
Toi seule sais réellement
Ce qui se passe dans ton couple
Toi seule peux chercher
Avec ton conjoint
Des solutions qui
Vous construisent
Et vous font du bien

Ne juge pas vite
Les autres couples
Car ce qui prévaut
Pour toi
Ne prévaut pas pour eux
Nécessairement

Ne te moque pas
Des divorces, des séparations
Car nul n'est à l'abri
D'un tel drame

Ceux qui te demandent
Conseil
Parle-leur avec le cœur ouvert
Sans les juger ou les forcer

À voir leur peine
Comme un sacrifice

Il est vrai qu'il faut faire
Beaucoup de concessions
Pour faire marcher son couple
Mais l'épanouissement de chacun
Est aussi la clé
Et cela est possible
Quand les couples
Prennent le temps
De dialoguer
De s'aimer
De faire des projets

Ensemble.

Respire

Respire l'air frais
De ta bonté
De tes rêves
De ta liberté
De ton être
De tes « Je sais et j'y travaille »
De tes « Maintenant je sais »
De tes évolutions
De ton travail
De ta hargne d'aller de l'avant
De l'amour que tu te portes

Respire enfin
L'air frais
De ta générosité
De ta bienveillance
De ta fragilité
De ta force

Respire.

Porteurs de rythme

Les instruments
De musique
De vrais messagers
De vrais porteurs
Du rythme

Inanga, cet instrument du pays des lacs bleus
Umuduli, un autre instrument de ses collines
Amayugi attachés aux pieds faire parler la danse
Les tambours qui retentissent jusqu'à la Lune
La guitare
Le piano
Et tant d'autres
Messagers
Du rythme
Et de la musique

Connais-tu le miracle
Que peuvent produire tes doigts
En touchant un instrument
Qui ne demande qu'à être touché
Et révéler ses belles notes ?

La sensualité de la musique
Est-elle la tienne ?
L'instrument de musique
Ce messager de paix
Ce porteur de rythme
Cette connexion entre les hommes
Cet ami
À apprivoiser
Tout au long de ta vie.

À en perdre haleine

Ô ton rire, merveille !
Si tu l'emmenais
Au pays des mille collines
Ils se répandrait
Sur les lacs bleus
Tant à entraîner
Les passeurs et leurs pirogues
Dans ton élan de joie
Et si tu riais plus souvent ?

Ris à pleine haleine
Révèle ta liberté particulière
De pouvoir répandre
Ce qu'une situation comique
Fait à ton corps
Avec ton rire

Ris à pleine haleine
Et sens comment
Cela libère ton cœur
De ses tourments
Regarde autour de toi
Comment tu répands

Ce rire, si vivifiant
Si entraînant

Non, ne te retiens pas
Douce vie
Éclate de rire
De toutes tes forces
Et sens le bien
Que cela fait
À ton âme
À ton corps
À ton être

Ris à pleine haleine.
La vie est courte.

Joue !

Allez, joue.
Apprécie l'amusement du jeu
Car les leçons que tu en tires
Sont les mêmes que celles
De la vie

Dis-moi, merveille,
Es-tu bonne ou mauvaise perdante ?
Quand tu perds
Deviens-tu longtemps frustrée
Ou t'animes-tu d'espoir
De gagner une prochaine fois ?

Joue et amuse-toi
Rencontre l'autre dans l'amusement
Et pourquoi pas dans la passion

Triche !
Et ne le cache pas
Triche !
Pour faire rire ton adversaire
Pour lui montrer tes failles
Pour l'embrouiller
Cours et ris de honte

Gare à toi
Si ton adversaire prend
Trop à cœur le jeu
Tu la paieras cher, ta tricherie
Et ne dis pas
Que c'est moi qui
T'ai dit de tricher, merveille
Je ne serai pas là.

Matinée

Le matin,
Sois bienveillante avec toi-même
Murmure des mots bienveillants
À ton âme
Dis-lui qu'elle est précieuse
Et qu'elle sera aimée
Et préservée du chagrin
Tout au long de la journée

Dis-lui que les soucis d'hier
Ne doivent plus la tourmenter
Qu'elle a la chance
De vivre sous un nouveau jour

Sois bienveillante avec toi-même
Durant la journée
En prononçant des mots bienveillants
En mangeant des mets sains
En buvant beaucoup d'eau

Sois bienveillante avec toi-même
Dans ta vie
Repose-toi quand tu en ressens le besoin
Médite pour guérir tes blessures
Marche pour te soulager de tes fardeaux
Souris pour exprimer ta gratitude.

Danse

Danse
Comme tu veux
Il n'y a pas d'obligation
De méthode
En matière de danse
Les gens ont érigé
Des types de danse
Avec des codes
Si absurdes
Si rigides

Ne sois pas gênée
D'avoir ta danse à toi
Car la danse doit
D'abord te connecter
Avec la terre
Avec le ciel
Avec toi-même
Tes racines
Tes plaisirs
Tes préférences

Danse, oui
Tape le pied par terre
Déhanche-toi
Chasse les angoisses

Ouvre les bras au bonheur
Relève la tête pour la dignité

Savoure cette joie
De pouvoir entendre
Une note après l'autre
Et fais suivre ton corps
Et ton esprit.

Dans ta tête

Dans ta tête
Tout se bouscule
Tout s'affronte
Tout se percute
Tout se contredit
Tout se maudit
Tout se chahute
Tout se gronde
Tout s'assombrit
Tout s'envenime
Tout se détériore
Tout se confond
Tout se détruit

Reste calme.
Et attends
Dans la douceur.

Et soudain
Tout se pose
Tout s'ajuste
Tout se tait
Tout se remet à sa place
Tout se sourit

Tout se construit
Tout s'améliore
Tout s'harmonise
Tout se dévoile
Tout s'explique
Tout s'aligne
Tout simplement

Sérénité.

Tu guériras

Désemparée,
Tu te demandes si un jour
La joie te visitera à nouveau
Souriras-tu encore
À la vie ?
Pourras-tu faire à nouveau partie
De ceux qui respirent
Le bonheur ?
Je te le dis
Douce vie,
Rien ne t'empêchera
De t'épanouir un jour

Le Soleil se lèvera et se couchera
Les Étoiles brilleront la nuit
Et disparaîtront au jour
Pour donner leur place
À la lumière
La pluie tombera et s'en ira
L'hiver gèlera et fondra
Le printemps fleurira et périra
Mais toi tu seras en train de
Revenir inlassablement à toi, à la vie

Ton cœur s'édifiera
Une force plus grandiose s'installera en toi.

Merveille, douce vie,
Tout ceci te semble impossible
Quand je te le dis
Aujourd'hui tu n'as plus d'espoir
Mais rien n'empêchera
Tes blessures de guérir
Et y croire, c'est le laisser venir

Tu t'aimeras
Même si tu t'en veux un peu
De ne pas toujours avoir su t'aimer
Comme tu aurais dû
Même si les autres te demandent
De les aimer d'abord
Tu feras de ton bonheur
Une priorité sans les heurter

Tu trouveras ton chemin
Peu importe ce que les vents
Et marées t'indiqueront
Peu importe ce que les Étoiles
En penseront
Peu importe si la Lune
Sera pleine ou vide
Tu le trouveras !

En toi, il y a une hargne de vivre
En toi, il y a une hargne d'avancer
En toi il y a une hargne d'aller de l'avant

Et tu avanceras
Malgré la vive douleur
De tes blessures

Petit à petit,
La force te reviendra
Tu avanceras
À petits pas
Et tu accompliras
Tes rêves les plus beaux.

Tort

Merveille, ô merveille,
Tu n'as pas tort de vivre
Tu n'as pas tort d'espérer
Tu n'as pas tort d'être toi-même
Tu n'as pas tort d'être libre

Tu n'as pas tort de partir
Tu n'as pas tort de revenir
Tu n'as pas tort de te taire
Tu n'as pas tort de parler

Tu n'as pas tort de briller
Tu n'as pas tort de vaciller
Tu n'as pas tort de danser
Tu n'as pas tort de penser

Tu n'as pas tort de comprendre
Tu n'as pas tort de reprendre
Tu n'as pas tort de laisser aller
Tu n'as pas tort de laisser venir

Tu n'as pas tort d'exister
Tu n'as pas tort de résister

Tu n'as pas tort de persister
Tu n'as pas tort d'insister

Tu n'as pas tort d'être seule
Tu n'as pas tort d'être toi
Tu n'as pas tort d'être bien
Tu n'as pas tort de t'éloigner

Tu n'as pas tort de pleurer
Tu n'as pas tort de te poser
Tu n'as pas tort de te reposer
Tu n'as pas tort d'oser

Tu n'as pas tort de te construire
Tu n'as pas tort de survivre
Tu n'as pas tort de revivre
Tu n'as pas tort de te plaire

Tu n'as pas tort de t'aimer

Ô, merveille.

Le Soleil s'est couché

Je dois partir

Le Soleil s'est couché
Je n'ai pas vu le temps passer
J'ai encore tant à te dire
Mais si je reste encore un peu
Je risque de passer la nuit
Alors que tu as besoin de repos

Douce merveille,
Toi qui peines tant à te construire
Merci de m'avoir accueillie
Telle que tu es
Avec tes confusions, tes perditions
Mais surtout
Avec une grande bienveillance

Je t'ai parlé de nombreux secrets
De la vie
Et si j'ai semblé m'emporter
Et te gronder par moments
Accepte de me pardonner
Ce n'était pas de mauvais cœur
Parfois mes élans de passion
Me trahissent

Si j'ai semblé
Trop t'aduler
Je t'en prie
Accepte tous mes compliments
Qui à mon humble avis
N'étaient d'ailleurs
Pas assez nombreux
Pour refléter la hauteur
De l'être précieux
Que tu es
Douce vie, je te l'assure
Si on m'en donnait l'occasion
Je pourrais
Passer ma vie durant
À parler de tes splendeurs

Merci du fond du cœur
De ton accueil
De ton écoute
De ta tolérance
Je reviendrai te voir
Mais pas tout de suite
Je tiens à te laisser
Te poser, te reposer
Et réfléchir sereinement
Sur tout ce que je t'ai livré

Le Soleil s'est couché
Le ciel a changé de couleur
Et dégage une autre beauté
Qui ne sera visible
Que quelques instants

Avant de laisser place
À la nuit
Souviens-toi, merveille,
De ce que je t'ai dit du Soleil
Qui habite ton cœur
Lorsqu'il se couche à un endroit
Il se lève indéniablement
À un autre endroit
Il faut juste savoir le sentir
Le suivre
Et l'apprivoiser à nouveau

Dans quelques instants
Si ce n'est déjà fait
La Lune apparaîtra dans le ciel
Mais nous savons
Qu'elle est tout le temps là
Même si nous ne la voyons pas
Un peu
Comme ta force d'esprit
N'est-ce pas ?

Ai-je peut-être été trop franche
Peut-être trop directe
Trop terre à terre
Par endroits ?
Merveille j'ouvre mes mains
Pour prendre ces torts
Avec humilité
Apaise ton cœur
Et pardonne-moi
Ta vie est trop importante

Trop précieuse pour t'y attarder
Je voulais juste
Te décrire la vie
Telle qu'elle est sans filtre
Car tu te trouves à un carrefour
Important de ta vie
Où tu as besoin
De conseils honnêtes
Pour te bâtir et avancer

Si j'ai semblé
Te dire de prendre la vie
Trop au sérieux
Je prends ce tort également
Dans mes mains
Amuse-toi aussi dans la vie
Éclate-toi avec les autres
Car c'est aussi important

Si jamais je t'ai poussée
À faire des choses
Qui sont hors de tes moyens
Spirituels ou matériels
Accepte encore une fois
De me pardonner merveille
Tout ce que je te souhaite
C'est d'y arriver un jour
Sans être brusquée

La vie est courte
Et nous ne sommes que des passeurs
Ici-bas sur terre

Fais ce que tu peux
Douce vie
C'est cela le plus important.

Une dernière pour la route

Un jour

Ô merveille !
Voilà que malgré la fatigue
Qui se dessine sur ton visage
Tu me proposes
Un dernier verre d'eau fraîche
Avant de reprendre ma route

Douce vie
Quelle grandeur de ta part !
Ne deviens-tu pas à l'instant mon maître
En m'enseignant un grand secret
De la bienveillance ?
À l'ancien temps
Au pays aux lacs bleus
Qui ne sont rien d'autre
Que des reflets de ciel
On dit que cette dernière boisson
Appelée *agashinguracumu*
Proposée après un au revoir
Donne la force pour que le visiteur
Puisse lever sa lance et repartir

En attendant que l'enfant
Apporte mon bâton de marche

Je voudrais te chuchoter
D'autres belles choses

Sais-tu
Qu'un jour
Tu trouveras ton cœur beau
Ta peau douce
Tes mains tendres
Ta tête aimable ?

Un jour, douce vie
Tu te trouveras belle
Tu t'aimeras
Comme tu es
Et tu te le diras
Ni trop
Ni trop peu

Un jour, douce vie
Tu retireras ta carapace
Et tu laisseras
Le monde voir
Tes merveilles
Tes douceurs
Tes ivresses

Un jour, merveille,
Peut-être aujourd'hui
Ou même demain
Tu te trouveras belle
Dans toute
Ta splendeur

Et si on parlait un peu
D'autres choses
Que ta destinée
Avant que je ne finisse mon verre
Et ne reprenne ma route ?

De choses et d'autres

Chaînes

Amour perdu
Si je pouvais
Marcher à ses côtés
Et voir ses beautés
Se confondre
Aux beaux paysages
De mon enfance

Amour perdu
Si je pouvais
Dormir à ses côtes
Voir ses rêves
Rejoindre les miens
Autour des lacs de mon enfance

Amour perdu
Si je pouvais
Parler à son cœur
Et voir son âme
Rejoindre la mienne
À cœur de mon pays
Aux lacs bleus
Qui sont des reflets de ciel

Amour perdu
Si je pouvais
Me perdre dans ses yeux
Nager dans son bonheur
Tenir sa douce main
Y retrouver l'odeur
Des prairies de mon enfance

Alors oui alors,
Mes chaînes se briseraient.

Le sexe

Le sexe domine le monde
Le sexe enivre nos jeunes
Au point de leur
Faire perdre la tête
Le sexe est devenu
Une habitude
Un moyen d'exister
De se faire accepter
D'être comme les autres

Le sexe ne représente
Plus l'amour
Le sexe est devenu
Transactionnel
Irrationnel
Promotionnel

Le sexe est devenu
Une valeur
Tout en perdant
De sa chaleur
De son sens
De son utilité

Quand en parlera-t-on ?

Vérité

Madame Méchante
Dans notre coin
Est très connue
Elle dit qu'elle est gentille
Qu'elle dise la vérité !

Monsieur Mensonge
Dans notre coin
Passe tout le temps
Il clame qu'il est honnête
Qu'il dise la vérité !

Madame Radine
De son destin
Se plaint tout le temps
Elle dit qu'elle est fauchée
Qu'elle dise la vérité !

Monsieur La Haine
De ses promesses
On en a marre
Il dit qu'il a changé
Qu'il dise la vérité !

Madame Se Plaindre
Dans notre rue
Est populaire
Elle dit qu'elle n'a pas de chance
Qu'elle dise la vérité !

Monsieur J'ai Peur
N'est toujours pas guéri de sa peur
Il dit qu'il ne va plus fuir pour rien
Qu'il dise la vérité !

Madame Mégère
A échangé
Sa langue avec une vipère
Elle dit qu'elle est gentille
Qu'elle dise la vérité !

Nos petits rodeurs
Savent si bien
Camoufler leurs tours
Ils disent qu'ils ne bougent pas
Qu'ils disent la vérité !

Les marchands de sexe
Racontent tant de choses
Sur leurs déboires
Ils disent qu'ils sont en amour
Qu'ils disent la vérité !

Nos petits paresseux
Paraît-il qu'ils se sentent fatigués
Qu'ils disent la vérité !

Madame la Cancre
A peur des livres comme peur des loups
Elle dit que sa prof la déteste
Qu'elle dise la vérité !

Soignons

Soignons nos blessures
Avant qu'il ne soit l'heure
De devenir des forcenés
De devenir des enchaînés

Soignons nos blessures
Avant que les danseurs
Ne cessent de s'enlacer
Avant que les passants
Ne retournent en arrière
Avant que les voyants
Ne ricanent de nous

Soignons nos blessures
Avant toute autre chose
Avant qu'on ne mène une vie morose
Avant que l'amour ne fonde

Soignons nos blessures
Avant que l'amertume ne vienne
Avant que la souffrance ne nous prenne
Avant que les angoisses ne nous mènent

Soignons nos blessures
Avant que nos rêves ne s'éteignent
Avant que la folie ne nous imprègne
Avant que les non-dits ne nous éloignent

Soignons nos blessures.

Battue

Femme battue
Te dit-il
Que c'est comme ça
Qu'on aime
Comme ça qu'on chérit ?
Comme ça qu'on séduit ?

Femme battue
Te ment-il
Que demain
Il arrêtera
Et puis le lendemain
Il devient un autre démon ?

Femme battue
Te dit-il qu'il va changer
Et prétend que tu en guériras
Alors qu'au plus profond de toi
Tu en es meurtrie
À jamais ?

Femme battue
Te demande-t-il pardon
En se victimisant

Et prétendant
Que cogner fait plus mal
Qu'être cognée ?

Femme battue
Cours
Cours
Va !
Sauve-toi !
Sauve tes enfants !
Ne te retourne pas !

L'amour ne cogne pas
L'amour ne gifle pas
L'amour ne bat pas

L'amour, c'est l'amour.

Déclaration des droits de l'âme

Toutes les âmes
Ont le droit d'être belles
Et épanouies
Que ce soit soient
Les âmes innocentes
Les âmes blessées
Les âmes perdues
Les âmes joyeuses
Les âmes écorchées par la vie
Les âmes brûlées
Les âmes malades
Les âmes éprouvées

Toutes les âmes
Ont le droit
De changer leur destin
De vivre leurs rêves
De guérir de leurs blessures
De déraciner les barreaux de l'oppression
De briser les chaînes de l'auto-oppression
De choisir comment
Elles veulent vivre
Leur vie

Toutes les âmes
Ont le droit d'aimer
Profondément
Passionnément
Vigoureusement

Toutes les âmes
Ont le droit
De rêver des Étoiles
De la mer
Du Soleil
De la verdure
De la nature

Toutes les âmes trouvent belle
Leur liberté.

L'amour

Le passant qui clamait
Que l'amour était plus fort que tout
Ne mentait pas
Seulement il aurait dû
Prendre le temps de l'enseigner
Dans toutes les écoles
Peut-être aurions-nous pu
L'adopter ?

Le passant qui clamait
Que l'amour était plus fort que tout
Ne radotait pas
Seulement
Il aurait dû nous apprendre
À le mettre toujours avant
Tout autre chose
Peut-être aurions-nous pu
L'adopter ?

Le passant qui clamait
Que l'amour était plus fort que tout
N'avait pas trébuché sur cette vérité
Peut-être l'avait-il comprise
À travers

Ses épreuves
Ses douleurs
Ses défis ?

Avait-il souffert
Avant que l'amour
Ne lui redonne goût à la vie ?
S'était-il élevé
Avant que l'amour ne le rende humble ?
Avait-il erré à sa recherche, le maudissant
Avant que l'amour ne le délivre ?

Le passant qui clamait
Que l'amour était plus fort que tout
N'en avait pas rêvé
Si seulement
Il nous avait aussi appris
À dire au monde entier
Que l'amour était le meilleur
De tous les remèdes
De tous les maîtres

Le passant qui clamait
Que l'amour était plus fort que tout
N'avait pas perdu espoir
Car l'amour lui a donné
La joie de vivre
Malgré ses épreuves.

Mon père

Ô, mon père.

Il me disait qu'il me livrerait
Tous les secrets
Que je voulais tant savoir
Sur l'art d'être parents
Quand je le serais à mon tour

Aujourd'hui je suis une mère
Mais mon père n'est plus

Ô, mon père.

Il me disait
Qu'un jour je comprendrais
Mes bêtises d'enfance
Que j'en rirais
Beaucoup

Aujourd'hui j'en ris
Mais mon père n'est plus
Pour le voir

Ô, mon père.

Il m'ordonnait de descendre
De l'avocatier
Car ma grand-mère avait peur
Que je ne tombe
Puis les guettant au loin
Je descendais de l'arbre
Et courais au loin pour leur échapper
Et leurs éclats de rire
Cachaient ces je t'aime
Qui ne me bercent
Désormais plus

Ô, mon père.

Il me refusait certaines permissions
Et quand je me fâchais
Il me disait que
Quand on demande la permission
Elle est refusée ou accordée
Il rajoutait
Tu comprendras un jour
Quand tu refuseras
Une permission
À ton enfant

Aujourd'hui mon enfant pleure
Car je ne veux pas qu'il sorte
Mais mon père n'est plus
Pour voir que je comprends

J'ai grandi
Oui j'ai grandi

Et ce que mon père
N'a pas su me montrer
Je l'ai appris par
La force des choses
L'épreuve d'avoir eu à grandir vite
Et surtout sans lui

Parait-il que *sur le cœur d'un orphelin*
Les cheveux blancs poussent
Plus vite que sur la tête d'un vieillard.

Le départ

Puisses-tu vivre, merveille

Il est temps pour moi
De poursuivre mon chemin
Au revoir, merveille,
Je te saluerai toujours
En passant devant chez toi
Mais je ne te dérangerai plus
Avec mes adages
Existentiels
J'attendrai que ce soit toi
Qui viennes à moi

Vois-tu, merveille,
Tout près des lacs bleus
On dit que *je te donne*
Est plus fort que je t'ai dans mes songes
Aujourd'hui
Je suis venue vers toi
Car t'avoir seulement dans mes pensées
Ne pouvait réellement
Te servir

Douce vie,
Je ne t'envahirai pas
Pour savoir où tu en es

Ou ce que tu as fait
De ce que je t'ai livré
Avant tout tu as besoin
De repos
Ensuite prends le temps
De trier tout ce que je t'ai dit
Et de garder ce qui te semble utile

Merveille, fais ce que ton cœur te dicte
Toi seule sais ce que tu veux
Au plus profond de ton être
Et cela ne fera que me réjouir
Si tu adaptes mes conseils
À ta liberté d'être

Vois-tu douce vie
Je t'ai révélé des secrets
De cheminement
Pas des lois
Pas des ordres
J'ai essayé de te montrer
La bonne route
Libre à toi
De choisir ta marche

Je t'ai révélé mes secrets
De vie
Tels que je les ai reçus
Dans mes confusions
Ou au creux de mes fardeaux
Et d'autres
Tels que je les ai entendus

Des autres qui parlaient
De leurs sombres nuits
Et de la manière
Dont ils les avaient bravées

Douce vie,
Moi aussi
J'ai toujours des collines
À gravir
Des bleus des lacs
À comprendre
Des sentiers à débroussailler
J'ai su adopter certains secrets
Dans ma vie
D'autres encore doivent
Se révéler à moi
Par leur sens
Par leur immensité
Je suis aussi sur
Mon chemin de vie
Avec ses joies et ses douleurs
Des nuits que je brave difficilement
Avec mes Étoiles
Ma Lune et mon Soleil
Qui ne me trahissent jamais.

À l'aurore
Je t'ai demandé
Si tu avais bravé ta nuit
Ici je te souhaite de braver celle qui vient
Et nombreuses autres qui suivront.

Au revoir merveille
Et cet au revoir
Au pays des mille collines
Se dit comme un souhait
« Puisses-tu vivre » !
Urabeho !

Changé

Tu as changé

Douce vie,
Je te remercie infiniment
De m'avoir récemment
Conviée chez toi
Avec tes amis
Tu nous as accueillis
Avec tant de bienveillance
Que cela m'est allé droit au cœur

J'étais si ravie
De te revoir
Mais je voudrais te dire
Ce qui m'a rendue le plus heureuse

Tu as changé, merveille,
Et pas qu'un peu
Tu as vraiment changé
Depuis ma dernière visite
Enfin il y a de la joie
Qui se dessine sur ton visage

Et les personnes dont on a parlé
Qui te faisaient perdre ton temps précieux
Je ne les ai pas vues chez toi

Tu sembles avoir gardé
Seulement des amis
Qui te montrent ta Lune
Lorsque tu as du mal
À braver tes nuits

Souviens-toi du toi d'avant
Merveille,
Toi si peureuse
Toi si brisée
Toi si blessée

Souviens-toi
Comment tu croyais
Ta guérison impossible
Souviens-toi
À quel point tu étais à terre
Abattue
Désespérée
Puis souviens-toi de ta force
De ton courage
Souviens-toi
Que ta volonté a précédé tes pas
Ou tes rames
Souviens-toi quand tu t'es agenouillée
Souviens-toi quand tu as marché
À quatre pattes
Mais marché quand même
Souviens-toi quand tu t'es mise debout
Et quand tu t'es enfin tenue en personne libre

Désormais
Tu es
Libre de tes blessures
Libre de tes brisures
Libre de tes destructions
Libre de tout ce qui
T'enchaînait

Tu as changé, merveille,
Et cela se voit que tu as travaillé sur toi
Que tu t'es posé les bonnes questions
Que tu as cherché des solutions
Te voilà guérie
Te voilà épanouie
Et resplendissante

N'as-tu pas enfin
Accepté ton passé, merveille ?
Et pris la décision d'aller de l'avant
Malgré tout ?

Tu as changé,
En t'offrant les petits plaisirs du quotidien
Les petites choses
Qui ne s'achètent pas
Tu as changé
En décidant d'écouter ton cœur
Et de calmer ta colère contre tout

Tu as changé
Et pourtant, merveille,
Ils ont parlé de ton changement

Avec moquerie
Ils ont dit que cela n'allait pas durer
Que tu étais emportée par la mode
Du développement personnel
Je les entendais
Mais je ne disais rien
J'avais confiance,
Tu ne flancherais pas
Car je t'avais livré
Des secrets
Pour résister
À tout ce qui te détruit

Et là maintenant
Qu'elle est belle
La nouvelle version de toi
La seule et unique vraie
Qu'elle est splendide
Cette version
De toi épanouie
Respirant le bien-être
Bien dans ses bottes
Bien dans sa tête

Il y a eu tant de travail accompli
Tant de questionnements
Jour et nuit
Tant de jours passés
Dans la détresse
Et là
Tu as enfin compris
Que tu es toi

Unique
Avec tes blessures
Mais aussi tes valeurs
Tes bonheurs
Tes pauses
Tes plaisirs si simples
Mais tellement importants

Tu t'es affirmée
Et tu poursuis
Tes rêves

Vis !

Merveille,

Sur une terre précieuse
Existe un pays aux mille collines
Aux paysages verts
Et aux lacs bleus
Pas de ces bleus pâles
Ni les bleus ordinaires
Des eaux
Que l'on croise à tout bout de champ
Mais plutôt des reflets de ciel qui renferment
Les secrets d'une beauté intérieure
Et d'une culture qui célèbre
Constamment la vie
Sur cette terre
Appelée le Rwanda
La salutation du matin
Est une question
D'une bienveillance infinie
Et d'une profondeur sans égale.
Waramutse ?

As-tu bravé ta nuit ?

Sources

Bien que la plupart des adages/proverbes en kinyarwanda m'aient été transmis oralement par différents interlocuteurs, j'en ai trouvé ou vérifié certains sur les liens suivants :

https://rw.wikipedia.org/wiki/Imigani_migufi_y'Ikinyar wandahttps://fr-fr.facebook.com/640153962732834/posts/imigani-migufi-yikinyarwandaimigani-migufi-ari-yo-bakunze-kwita-imigani-yimigenu/893952314019663/

P. 167 Texte « Porteurs de rythme » : ce nom m'a été donné en Kinyarwanda (Iby'injyana) par l'artiste et écrivain Dady De Maximo Mwicira-Mitari le 29/09/2021, lors d'une conversation sur twitter. Ma question était de savoir si en Kinyarwanda il y avait un nom commun pour nommer tous les instruments de musique. On s'est rendu compte qu'il n'y en avait pas, car les tambours ne peuvent pas être appelés des instruments de musique dans notre tradition. En kinyarwanda on fait « retentir » le tambour. On ne dit pas qu'on « joue » du tambour comme un instrument de musique tel que la guitare par exemple.

Le bleu des lacs : la beauté des lacs Burera et Ruhondo du Rwanda a beaucoup marqué mon enfance. Il fallait les contourner à chaque trajet de visite de mes grands-parents. Les routes étaient difficiles et longues. À cela s'ajoutait l'impatience de retrouver les grands-parents, oncles et tantes au bout de la route. La beauté des lacs m'apportait une sorte de consolation et d'apaisement.

Remerciements

À mes enfants Allyson-Grace et Ethan-Oliver, pour la joie qu'ils apportent dans ma vie.

À mon frère Cyrille Uwukuli pour son soutien et ses conseils précieux.

À ma grande amie Josiane Kayirangwa qui a relu et apporté des corrections au texte original en Kinyarwanda.

À Mika Twahirwa, un artiste exceptionnel qui a créé la couverture de ce livre.

À Ariane Bourbon pour les corrections apportées au texte et la composition du livre.

À Dady De Maximo pour sa proposition sur le terme « Porteurs de rythme ».

Aux différents artistes rwandais, car c'est aussi grâce à eux que j'ai pu rester connectée à mon pays, et à ses valeurs.

Aux membres de ma famille et aux amis que je n'ai pas cités par leurs noms.

À mes lectrices, lecteurs, les merveilles de ma vie qui m'encouragez chaque fois à écrire et réécrire.

Soyez bénis !

Retrouvez l'auteure

Blog : www.zahaboo.blog

 : Zaha Boo auteure

Twitter : @Zaha_Boo

Instagram : Zaha Boo

Dépôt légal : 1ᵉʳ trimestre 2022

Composition : Ariane Bourbon

Illustration de couverture : Mika Twahirwa (twitter : @mika_xh)